¡VOLVER A NACER!!

¡VOLVER A NACER!!

Helmy

Número de Control de la Biblioteca del Congreso de EE. UU.:   2015910463
ISBN: Tapa Dura   978-1-5065-0648-7
                 Tapa Blanda   978-1-5065-0653-1
                 Libro Electrónico   978-1-5065-0652-4

Información de la imprenta disponible en la última página.

Fecha de revisión: 08/07/2015

Para realizar pedidos de este libro, contacte con:
Palibrio
1663 Liberty Drive, Suite 200
Bloomington, IN 47403
Gratis desde EE. UU. al 877.407.5847
Gratis desde México al 01.800.288.2243
Gratis desde España al 900.866.949
Desde otro país al +1.812.671.9757
Fax: 01.812.355.1576
ventas@palibrio.com
713440

ÍNDICE

INTRODUCCION

EN LA VIDA DE TODO SER HUMANO HAY INFINIDAD DE TROPIEZOS DE LOS CUALES A VECES NO TENEMOS YA GANAS DE LEVANTARNOS POR EL CANSANCIO O POR EL ASTIO DE SEGUIR VIVIENDO, PERO SABEMOS QUE "DEBEMOS" SEGUIR ADELANTE.

- A VECES POR COBARDIA PENSAMOS EN PONER FIN A NUESTRA VIDA Y YA NO SUFRIR MAS, PERO EL MIEDO NO NOS PERMITE ACABAR CON ELLA Y PREFERIMOS REFUGIARNOS EN LA DEPRESION, EVASION O NEGACION.

- NUESTROS INSTINTOS Y EMOCIONES SE DESARROLLAN DE ACUERDO A NUESTRO ENTORNO, LO CUAL NOS CONDICIONA PARA ACTUAR O CAMBIAR NUESTRAS CONDUCTAS O PENSAMIENTOS.

- ESTO NO QUIERE DECIR QUE SEA IMPOSIBLE, PERO NECESITAMOS MUCHAS VECES LA AYUDA DE UN PROFESIONAL QUE NOS ORIENTE A ORGANIZAR NUESTRAS IDEAS Y NUESTROS PENSAMIENTOS PARA PODER CAMBIAR LA

PERSPECTIVA DE NUESTROS SUFRIMIENTOS O LAS CRISIS POR LAS QUE ATRAVESAMOS.

EN ESTE LIBRO COMPARTO EL GRAN APRENDIZAJE DE CADA GOLPE RECIBIDO PARA SALIR ADELANTE, PERO SOBRE TODO, DE DEMOSTRAR QUE CUANDO:

- RECONOCEMOS Y ANALIZAMOS, "DONDE FALLE" PARA ESTAR PASANDO POR ALGUNA SITUACION.

- ACEPTAMOS NUESTROS ERRORES PARA TAMBIEN ACEPTAR QUE TENGO QUE CAMBIAR MIS PENSAMIENTOS Y MODIFICAR MIS CONDUCTAS ASI COMO MALOS HABITOS.

- BUSCAMOS LA AYUDA DE UN PROFESIONAL QUE NOS FACILITE "**DARNOS CUENTA**" DESDE DONDE ESTOY FALLANDO Y EN QUE HE FALLADO.

- SOMOS HONESTOS CON NOSTROS MISMOS, YA QUE PODEMOS MENTIRLE A TODOS, PERO A NOSOTROS JAMAS PODREMOS, A MENOS QUE MANDEMOS AL INCONSCIENTE LOS PROBLEMAS PARA EVADIR NUESTRA RESPONSABILIDAD O NUESTRA REALIDAD.

- SER HUMILDES AL RECONOCER Y ACEPTAR, PUES ESTO NOS ENGRANDECE COMO SERES HUMANOS Y LOS RESULTADOS SERAN MEJORES PARA NOSTROS MISMOS.

LOS SERES HUMANOS SOMOS TAN COMPLEJOS, DE MANERA QUE TENEMOS QUE RECURRIR A LOS MECANISMOS NECESARIOS PARA SUFRIR LO MENOS POSIBLE.

SOMOS SERES BIOPSICOSOCIALES, ES DECIR, BIOLOGICAMENTE, SE PRESENTAN LAS RESPUESTAS SINTOMATICAS, PSICOLOGICAMENTE, COMO PENSAMOS Y CREEMOS QUE SON LOS DEMAS, O NOSOTROS MISMOS Y SOCIALMENTE POR LA INTERACCION CON LA HUMANIDAD, LO CUAL ES ESTRICTAMENTE INDISPENSABLE.

NO PODEMOS VIVIR ENFRASCADOS SIN TENER CONTACTO CON NADIE ABSOLUTAMENTE. SOMOS SOCIALMENTE INTERACTIVOS, A MENOS QUE TENGAMOS ALGUNOS TRASTORNOS COMO EL "AUTISMO" POR EJEMPLO.

POR TODO ESTO Y MAS, HE DECIDIDO QUE TAL VEZ PUEDA AYUDARTE A TI O ALGUIEN QUE CONOZCAS, A RESOLVER PROBLEMAS EMOCIONALES POR LOS QUE SOLEMOS ATRAVESAR DURANTE EL CAMINO DE LA VIDA Y NO DEPENDER DE NADA NI DE NADIE PARA SER FELICES.

QUE NUESTRA ESTANCIA EN ESTE PROCESO DE VIVIR, PODAMOS APLICAR NUESTRAS HABILIDADES, CAPACIDADES Y CUALIDADES CON LAS QUE NACEMOS.

PONER EN PRACTICA EL AMOR DEL QUE DIOS NOS HA DOTADO PARA COMPRENDER QUE ANTES DE QUERER CAMBIAR A ALGUIEN, NECESITO CAMBIAR YO, MIS PENSAMIENTOS, SENTIMIENTOS Y CONDUCTAS.

ESPERO SEA DE SU AGRADO PERO SOBRE TODO DE GRAN INTERES Y AYUDA PARA TUS PROPIAS EXPERIENCIAS.

¡VOLVER A NACER!!

¡CUANTAS VECES HEMOS ESCUCHADO ESTA ORACION!, ¡PERO CUANTOS REALMENTE HEMOS SENTIDO, LITERALMENTE, EL SENTIDO DE ELLA!

YO IMAGINABA QUE LOS QUE SE REFERIAN A HABER VIVIDO LA EXPERIENCIA DE "VOLVI A NACER", SE REFERIAN A HABER ESTADO EN UN LUGAR A DONDE VA EL ESPIRITU Y DESPUES DE VER LA LUZ CELESTIAL, COMO EN LAS PELICULAS, DESPERTANDO NUEVAMENTE A SU REALIDAD.

MI EXPERIENCIA FUE COMPLETAMENTE DIFERENTE:

UNA PESADILLA HECHA REALIDAD. ¡MUY FRUSTANTE!, ¡LLENA DE IMPOTENCIA PUES NO COMPRENDIA NADA!

¿PORQUÉ A MI? ¿PORQUE YO? ¿Por qué TODO ESTO ME ESTA PASANDO? ¿TAN MALA HE SIDO O ME HE COMPORTADO EN LA VIDA QUE LO ESTOY PAGANDO?, ¡REALMENTE MEREZCO ESTO?: DOLOR, SUFRIMIENTO, TRISTEZA, DESESPERANZA, DEPRESION.

¡NO ENCONTRABA SENTIDO NI RESPUESTA A LO QUE ESTABA VIVIENDO!

HABIA SUFRIDO MUCHAS VECES DE MUCHAS FORMAS: DESILUSIONES AMOROSAS, COMPARACIONES, HUMILLACIONES, DECEPCIONES, CARENCIAS, TODO LO QUE TE PUEDAS IMAGINAR EN CUESTIONES EMOCIONALES.

TAMBIEN FISICAMENTE SUFRI SITUACIONES COMO GOLPES FUERTES POR CAIDAS O SIMPLEMENTE DE ESOS GOLPES QUE TE DABAN LOS PADRES CUANDO "TE PORTABAS MAL", CON RAZON O SIN RAZON, CON PALOS, CUERDAS, MANGUERAS O LO QUE TUVIERAN A LA MANO.

NI QUE DECIR CUANDO, A LA FECHA, ME TIENEN QUE TOMAR MUESTRAS DE SANGRE PARA ESTUDIOS. BUENO, MIS BRAZOS QUEDAN TAN MARCADOS POR TANTOS PIQUETES, POR NO HAYAR LAS VENAS FACIL NI RAPIDO, QUE PARECEN "TATUAJES SINIESTROS"; PARA REALIZARME CIRUGIAS NECESARIAS O SIMPLEMENTE PARA MONITOREAR MI SITUACION CON LOS LIPIDOS.

O COMO CUANDO SUPE QUE NO PODIA EMBARAZARME FACILMENTE, Y QUE DESPUES DE UNA SERIE DE ESTUDIOS Y TRATAMIENTOS, UNA VEZ EMBARAZADA, SUFRIA DE VOMITOS POR LA MAÑANA, TARDE Y NOCHE, FRECUENTES AMENAZAS DE ABORTO Y SANGRADOS POR TANTO ESFUERZO PARA VOMITAR Y CUANDO NACIO MI PRIMERA BEBE, QUE FINALMENTE MURIO. EN FIN, SUFRIMIENTOS FISICOS Y EMOCIONALES IBAN Y VENIAN JUNTOS O SEPARADOS.

A VECES HABIA PENSADO, HACE MUCHO TIEMPO, QUE TAL VEZ PODRIA SUFRIR ALGUN TIPO DE EMBOLIA O PARALISIS FACIAL POR LO QUE YA MENCIONE O POR

SER TAN NERVIOSA, INTOLERANTE, ANSIOSA, INCLUSO OBSESIVA COMPULSIVA CON EL ORDEN Y LA LIMPIEZA, YA QUE HABIA SINTOMAS "RAROS" DE REPENTE, COMO DOLORES EN MI CEREBRO EN EL LOBULO OCCIPITAL, O "TICS NERVIOSOS" EN DIFERENTES PARTES DE MI CARA.

TAMBIEN PENSABA: ¡QUE TRISTE A DE SER PARA LAS PERSONAS ENFERMAS YA NO PODER COMER LO QUE LES GUSTA!, PUES ME DABA ATRACONES, "INCONSCIENTEMENTE", DE PASTEL, CHOCOLATE, PAN DULCE, O LO QUE FUERAN GOLOSINAS DULCES, PUES PARA MI ERA Y SIGUE SIENDO UN PLACER, UN DELEITE COMER ESTE TIPO DE "ALIMENTOS".

AHORA, DESPUES DE TANTOS AÑOS DE MALOS HABITOS, ENTIENDO QUE ES PARTE DEL INCONSCIENTE QUE SUSTITUYE EN CIERTAS CONDUCTAS, TRASTORNOS O ADICCIONES, LA "NECESIDAD DE SENTIR PLACER EMOCIONAL".

¡JAMAS IMAGINE QUE YO SERIA PARTE DE ESOS ENFERMOS! ¡PUES SOY DIABETICA! Y ¡MUCHO MENOS, QUE VIVIRIA UNA INVALIDEZ TOTAL! HABRIA APOSTADO A QUE NUNCA SABRIA LO QUE ES VIVIR LA EXPERIENCIA DE ESTOS MALES.

UNA DE LAS PEORES EXPERIENCIAS VIVIDAS, DONDE ME SENTIA MUERTA EN VIDA. **LA INVALIDEZ TOTAL.**

MI DIOS Y MIS CREENCIAS ESPIRITUALES SE ENCONTRABAN ¡TAN DEBILES! QUE NO TENIA FUERZAS DE NADA, NI SIQUIERA DE PENSAR O PEDIR A MI CREADOR. ¡SOLO QUERIA UNA EXPLICACION! Y DESPERTAR DE ESA PESADILLA.

JUSTO ME ENCONTRABA POSTRADA EN LA CAMA SIN NINGUN MOVIMIENTO. DEPENDIA TOTAL Y ABSOLUTAMENTE DE QUIEN TUVIERA TIEMPO DE PODER ECHARME UN VISTAZO PARA DARME DE COMER EN LA BOCA, AUNQUE POR LOS LADOS DE LOS LABIOS ME ESCURRIAN LOS ALIMENTOS QUE NO PODIAN SER MUY VARIADOS PORQUE NO TENIA APETITO.

ERA TEMPORADA DE FRIO, DICIEMBRE, Y A VECES TENIA MUCHO FRIO Y TENIA QUE ESPERAR A QUE ALGUIEN ME PUDIERA CUBRIR CON EL COBERTOR O SABANA, PUES MIS DEDOS, MANOS Y BRAZOS NO TENIAN FUERZA. HASTA PARA RASCARME TENIA QUE ESPERAR A ALGUIEN. ¿LO PUEDES IMAGINAR?

¿IR AL BAÑO? BUENO, FUE LA MAS TERRIBLE EXPERIENCIA DE DOLOR PUES, ADEMAS DE NO SOPORTAR QUE ME TOCARAN SIQUIERA, TENIAN QUE SOSTENERME POR DEBAJO DE LOS BRAZOS, CAUSANDOME TERRIBLE DOLOR EN TODO LA PARTE SUPERIOR, ESPALDA, COLUMNA, BRAZOS, TORAX, CUELLO. Y EL PISAR E INTENTAR CAMINAR, SUBIR AL ESCALON DEL BAÑO, ERA SOLO ESO, TERRIBLE DOLOR, PORQUE UNA VEZ QUE ME DESVESTIAN PARA SENTARME A LA TAZA DE BAÑO, TENIA QUE APRETAR FUERTEMENTE MIS OJOS Y MIS LABIOS PARA NO GRITAR Y LLORAR, PUES SOLO ME QUEDABA QUEJARME FUERTEMENTE. SENTIA COMO SE CLAVABAN DOS ACEROS PUNTIAGUDOS EN MIS GLUTEOS AL MISMO TIEMPO QUE TIRABAN DE ELLOS HACIA LOS MUSLOS Y RODILLAS NO PERMITIENDO DOBLARLAS. !ESTE TIEMPO ME PARECIO ETERNO!

POR SUPUESTO LO MISMO PASABA CUANDO INTENTABA SENTARME EN LA CAMA O SILLA, PEOR AUN, EN UN COMODO.

LOS TRASTORNOS DEL SUEÑO, BUENO, IMAGINATE TENER TANTO SUEÑO Y DORMIR PROFUNDAMENTE, PARA DESPERTAR CADA QUINCE O CADA VEINTE MINUTOS INVARIABLEMENTE, DURANTE TODOS ESOS MESES DE PADECIMIENTO, PERO SOBRE TODO LAS ULTIMAS SEMANAS DE DICIEMBRE, SIN PODER MOVERTE Y PEDIR AYUDA PARA VOLTEARTE DE UN LADO U OTRO, PUES ME DOLIA TERRIBLE LA ESPALDA Y LA COLUMNA POR ESTAR EN UNA SOLA POSICION.

CUANDO TENIAN QUE BAÑARME, PEINARME, VESTIRME, SENTARME, ERA UN VERDADERO ESFUERZO Y SUFRIMIENTO PARA MI Y MI FAMILIA. NO HA DE SER NADA FACIL ASISTIR A UNA INVALIDA.

ME ABURRIA ESTAR EN CAMA Y A VECES PEDIA ME AYUDARAN A BAJAR, LO CUAL ERA MUY DIFICIL PARA EL QUE ME AYUDARA. MI ESPOSO O MI HIJO. ME SOSTENIAN POR DEBAJO DE LOS BRAZOS O DE PLANO CARGANDO QUE IGUALMENTE ME DOLIA AL MISMO TIEMPO QUE GRITABA. MAS IMPOTENCIA SENTIA AL VER QUE MI FAMILIA SUFRIA DE VERME TAN MAL, CUANDO EN ¡TODA MI VIDA HABIA SIDO TAN DINAMICA, EMPRENDEDORA, TRABAJADORA, HIPERACTIVA E INDEPENDIENTE!

BUENO APENAS UNOS MESES ATRÁS ¡SIMPLEMENTE NO ERA LA MISMA! ¡NO ERA YO! ¡YO MISMA NO ME RECONOCIA!

LLORABA AMARGAMENTE A SOLAS, PORQUE CUANDO ME VEIAN LLORAR, MI FAMILIA SE DOBLABA LLORANDO TAMBIEN. TENIA QUE "LLORAR A ESCONDIDAS" PARA NO SENTIRME PEOR VIENDOLOS SUFRIR. MIS PAPAS, MI HIJA Y MI NIETA PRINCIPALMENTE, YA QUE MI ESPOSO SE HACIA EL FUERTE PARA DARME VALOR DE AGUANTAR

DICIENDOME QUE TODO IBA A SALIR BIEN Y PRONTO IBA A PASAR TODO ESTO.

MIS HIJOS, OCUPADOS CUBRIENDO MIS QUEHACERES, TAMBIEN LLORABAN A ESCONDIDAS.

MIS PIERNAS Y BRAZOS EMPEZARON A PERDER MIELINA Y DABA LA IMPRESION DE SER ANOREXICA, INCLUSO CASI SE PODIA VER MI PIEL PEGADA A LOS HUESOS.

HASTA ESE MOMENTO, YO NO SABIA SI ERA TEMPORAL O PARA EL RESTO DE MI VIDA, POR LO TANTO, ¡PREFERIA MORIR MIL VECES!

SINCERAMENTE TENGO GRAN MIEDO DE VOLVER A VIVIRLO, YA QUE ESTA ENFERMEDAD NO ES CURABLE, NO SE VE, PERO SE SIENTE COMO SI FUERA UNA SIMPLE MOLESTIA MUSCULAR, ARTICULAR Y QUE CON UN SIMPLE PARACETAMOL DESAPARECE, PERO VA EN AUMENTO PAULATINAMENTE SIN SENTIR, HASTA QUE YA EMPIEZA A IMPEDIR EL MOVIMIENTO EN ALGLUNAS PARTES DE TU CUERPO, ACOMPAÑADA DE DOLOR HASTA DESENCADENAR LA INVALIDEZ TOTAL, POR LO TANTO, LOS CUIDADOS Y MEDICAMENTOS SON DE POR VIDA.

BASTA CUALQUIER IMPRESIÓN INUSUAL O DEMASIADO ESTRÉS, QUE PUEDEN DESENCADENAR NUEVAMENTE UNA CRISIS.

SE ME HICIERON INFINIDAD DE ESTUDIOS. AFORTUNADAMENTE, ENTRE MUCHOS ANGELES QUE ME HA MANDADO DIOS, UNO DE ELLOS, ES UNO DE MIS HERMANOS. EL ES MEDICO, QUIEN HA ESTADO SIEMPRE AL PENDIENTE DE COMO SIGO Y COMO

AYUDARME INCLUSO CON LOS GASTOS PUES TODO ESTO ES CARO ADEMAS DE DOLOROSO TAL COMO LA RESONANCIA MAGNETICA, ELECTROMIOGRAFIAS, VELOCIDADES DE CONDUCCION NERVIOSA, ANALISIS DE SANGRE, ULTRASONIDOS, O COMO CANALIZARME CON UN MEDICO PARTICULAR ESPECIALISTA EN REUMATOLOGIA, ¡Y YO, SIN PODER TRABAJAR! AHORA DEPENDIA ECONOMICAMENTE DE MI HIJA, MI HERMANO Y MI ESPOSO QUIEN CUBRIA LA PARTE MAS FUERTE DE LOS GASTOS MEDICOS Y MEDICAMENTOS.

YA TERMINADOS LA MAYOR PARTE DE LOS ESTUDIOS, EL DIAGNOSTICO FUE: **POLIMIALGIA REUMATICA** AUNADA A OTROS ANTECEDENTES COMO:

DIAGNOSTICOS:

- FIBROMIALGIA TIPO I.
- DIABETES MELLITUS TIPO 2
- NEUROPATIA
- HERNIAS EN LA COLUMNA, 3 CERVICALES Y 2 LUMBARES
- LUMBALGIA Y
- DISLIPIDEMIA, ENTRE OTROS COMO LA TAQUICARDIA Y DERMATITIS ATOPICA.

LA CRISIS TERMINO PARA MI INICIANDO ENERO DEL AÑO 2015, E INICIO EN AGOSTO DEL 2014, AUNQUE YA TENIA LA FIBROMIALGIA Y LA DIABETES, (DOS Y UN AÑO ATRÁS, RESPECTIVAMENTE).

HABIA VIVIDO LA CRISIS DE LA FIBROMIALGIA, TAMBIEN DE UNA MANERA SEVERA. TUVE QUE SER HOSPITALIZADA DE URGENCIA, PERO NO ES LO MISMO. NO SE COMPARA EN ABSOLUTO A LA POLIMIALGIA.

LA FIBROMIALGIA: ¿CUANDO Y COMO COMENZO?, NO LO SE. PERO DE REPENTE COMENCE A DARME CUENTA QUE ALGO ESTABA RARO EN MI. COMENCE SINTIENDO MUCHO DOLOR EN LAS PLANTAS DE MIS PIES, COMO SI PISARA PIEDRAS DENTRO DE UN RIO; MUCHO DOLOR EN EL CUELLO, PUES SENTIA UNA CONTRACTURA MUY FUERTE, QUE ABARCABA CUELLO, HOMBROS Y ESPALDA ALTA, ADEMAS DE QUE EMPECE A SENTIR EN MI CABEZA DOS ZURCOS PROFUNDOS, A LO QUE POSTERIORMENTE SURGIERON LOS SIGUIENTES SINTOMAS:

- DOLOR CRONICO INTENSO Y CONSTANTE EN TODO MOMENTO, EN TODO EL CUERPO.

- DIFICULTAD DE MOVIMIENTO GENERAL PERO ENFATIZADO EN HOMBROS, CADERAS Y ARTICULACIONES.

- RESEQUEDAD DE BOCA Y GARGANTA, LO CUAL DIFICULTABA EN ALGUNOS MOMENTOS EL HABLA, PUES SE PEGA LA LENGUA EN EL PALADAR Y LOS LABIOS.

- AMANECERES CON GRAN RIGIDEZ.

- AL INICIO DE TODOS ESTOS SINTOMAS, DIGAMOS QUE DURANTE EL PRIMER MES DE HABER APARECIDO, LAS VECES QUE DESPERTABA, MI CUERPO ESTABA TAN RIGIDO, QUE DORMIDA ME ENDEREZABA DE LA ALMOADA Y DESPERTABA LLORANDO POR EL GRAN DOLOR EN EL CUELLO Y CABEZA.

- EL TRASTORNO DEL SUEÑO SE CONVIRTIO EN PESADILLA, PUES DESPERTABA AL MENOS UNAS DIEZ VECES POR LA MADRUGADA.

- EN CASO DE STRES, EXCESO DE TRABAJO, CORAJES, DESVELOS, SUSTOS O MALPASADAS, U OTROS COMO EXCESO DE BAILE, EJERCICIO, QUEHACERES, ETC., TENIA SINTOMAS DE ANSIEDAD, DOLOR AGUDO GENERALIZADO, FALTA DE ENERGIA, GRAN FATIGA Y SUEÑO AGOTADOR, COMO SI HUBIESE HECHO UN GRAN ESFUERZO, GENERALMENTE CON MUY MAL HUMOR.

- ACTUALMENTE, MI CUERPO SIEMPRE ESTA FRIO, Y AL MISMO TIEMPO ESTOY SUDANDO PORQUE TENGO MUCHO CALOR, RARA VEZ TENGO FRIO.

- CAMINAR MUCHO ME CANSABA Y DOLIAN LAS PLANTAS DE LOS PIES, LAS RODILLAS, MUSLOS, CADERAS Y GLUTEOS, SINTIENDO QUE YA NO PODIA DAR UN PASO MAS, HASTA EL DIA DE HOY.

- NO SOPORTABA NI UN APRETON DE MANOS, MUCHO MENOS UN FUERTE ABRAZO.

- EN LOS HUESOS DE BRAZOS Y PIERNAS, SENTIA PIQUETES QUE IBAN SUBIENDO DE INTENSIDAD HASTA SENTIR COMO SI TALADRARAN EN ELLOS POR CUESTION DE SEGUNDOS.

- INTENSO DOLOR DE CABEZA.

CUANDO COMENCE A SENTIR LOS SINTOMAS YA MENCIONADOS, PENSE QUE SE TRATABA DE ESCLEREOSIS MULTIPLE, PERO UNA VEZ QUE CAI EN CRISIS, CON LA AYUDA DE MI HERMANO, EL DIAGNOSTICO FUE "FIBROMIALGIA" EN ENERO DEL AÑO 2013.

NUNCA HABIA ESCUCHADO ESTE NOMBRE Y MENOS LA ENFERMEDAD. POCOS MEDICOS LA TRATAN SIN EMBARGO, MI HERMANO ME SUGIRIO BUSCAR UN ESPECIALISTA. UN REUMATOLOGO, A LO QUE, UNA VEZ QUE ACUDI AL HOSPITAL DONDE ME HABIAN ESTADO TRATANDO LA DISLIPIDEMIA, (ALTERACION DE COLESTEROL Y TRIGLICERIDOS POR CUESTIONES METABOLICAS), DESDE SIETE AÑOS ATRÁS, ME ATENDIO UNA PSIQUIATRA, MANDANDO EL ADECUADO TRATAMIENTO JUNTO CON PSICOTERAPIAS, A LO QUE MI ORGANISMO RESPONDIO FAVORABLEMENTE. ANTIDEPRESIVOS Y DIASEPAN PARA DORMIR, ADEMAS DE PARACETAMOL PARA EL DOLOR.

POSTERIORMENTE PUDE SENTIRME MEJOR FISICAMENTE Y MUCHO MEJOR EMOCIONALMENTE, PUES CON LA AYUDA DEL ANTIDEPRESIVO, MI

ORGANISMO RESPONDIO FAVORABLEMENTE REHABILITANDO LA SEROTOTINA EN MI CEREBRO.

AUNQUE MUCHA GENTE PIENSA QUE ES TERRIBLE TODO ESTE MEDICAMENTO PORQUE NOS HACEMOS ADICTOS. NO HA SIDO MI CASO.

"TAN FRAGIL COMO UN CRISTAL, TAN SENSIBLE COMO LA PIEL Y EL DOLOR ES TAN FUERTE COMO EL HIERRO".

LA FIBROMIALGIA ES EL DOLOR QUE SE CONVIERTE EN ENFERMEDAD Y QUE NO SE NOTA.

ES UNA ENFERMEDAD QUE AL PRINCIPIO LA FAMILIA NO TE CREE QUE PUEDAS ESTAR ENFERMO PORQUE NO SE VE, SOLO QUIENES LA PADECEMOS PODEMOS ENTENDER A ALGUIEN QUE LA TENGA.

¿PUEDES IMAGINAR QUE TE ESTA DOLIENDO TODO? CUERPO, CABEZA, PIEL, EN FIN, Y QUE ADEMAS TIENES QUE CUMPLIR CON TODOS LOS ROLES QUE

TIENES EN LA VIDA? TALES COMO: AMA DE CASA, MAMA, ESPOSA, HIJA, HERMANA, PORQUE DE ALGUNA MANERA TAMBIEN LOS HERMANOS Y PADRES, YO MISMA, NECESITAMOS TODOS DE TODOS; EL TRABAJO, PUES SIEMPRE HE TRABAJADO, Y EN ESOS MOMENTOS TAMBIEN ME ENCONTRABA HACIENDO MI SERVICIO SOCIAL PARA TITULARME; PORQUE YA SIENDO CONTADOR PUBLICO, Y PROFESION QUE HE EJERCIDO A LA FECHA, QUISE HACER LA CARRERA DE PSICOLOGIA LA CUAL AMO, Y ES MI GRAN SUEÑO HECHO REALIDAD.

EJERZO LAS DOS PROFESIONES Y LAS DOS ME HAN DEJADO GRANDES SATISFACCIONES, PERO ADMITO QUE LA CARRERA DE PSICOLOGIA ES UNA PROFESION QUE AHORA CREO Y AGRADEZCO INFINITAMENTE A MI DIOS POR HABER PUESTO LAS SEÑALES EN MI CAMINO PARA CUMPLIR CON LA MISION QUE TENGO EN ESTA VIDA ANTES DE MORIR.

CABE MENCIONAR QUE ANTES DE SER CONTADOR O LICENCIADA EN PSICOLOGIA, SOY UN SER HUMANO. CON TODOS LOS DERECHOS DE EQUIVOCARME, SOMATIZAR Y POR LO TANTO ENFERMAR YA SEA POR SOBRESATURAR A MI CUERPO, A MI MENTE, MALPASARME O DESVELARME, Y TODAVIA LOS PROBLEMAS CON MIS HIJOS, CON MI ESPOSO, CON MI MADRE ENFERMA, ECONOMICOS, DE TRABAJO, CON LOS CLIENTES, ETC. ETC. Y QUE COMO PILAR DE UN HOGAR, TE TOCA DAR LA CARA AL MOMENTO DE CADA ACONTECIMIENTO QUE SE PRESENTA, PUES NO PUEDES DECIRLE A TU MAMA QUE DEJE SUS CRISIS PARA DESPUES, SI LA ESTAS VIENDO COMO SUFRE CON SU ENFERMEDAD, O SI TUS HIJOS ESTAN PRESENTANDO CONDUCTAS FUERA DEL LIMITE,

O SI TU ESPOSO TE ESTA PRESIONANDO POR LA CONDUCTA DE LA FAMILIA.

ANTE TODO ESTO Y MÁS, NO PUEDES DARTE LA VUELTA PARA EVADIR LAS RESPONSABILIDADES.

SE QUE NO SOY NI HE SIDO LA UNICA PERSONA CON TANTOS PROBLEMAS A LA VEZ, EXISTEN INFINIDAD DE HISTORIAS INCLUSO CON PROBLEMAS MAS FUERTES, SIN EMBARGO, TAMBIEN EXISTIMOS MUCHAS MUJERES QUE NOS CREEMOS "LA MUJER MARAVILLA" PENSANDO QUE PODEMOS CON TODO Y QUE TODO ESTA BAJO CONTROL, EVADIENDO Y NEGANDO, INCONSCIENTEMENTE, QUE TENGAMOS PROBLEMAS, A LO CUAL EN PSICOLOGIA SE LE LLAMAN "MECANISMOS DE DEFENSA".

SOY UN SER HUMANO QUE UTILICE LOS MECANISMOS DE DEFENSA **EVASION Y NEGACION,** PUES **NO QUERIA "DARME CUENTA"** QUE TENIA QUE PONER UN ALTO A TANTA CARRERA POR LA VIDA.

CAMBIAR HABITOS Y COSTUMBRES. ACEPTAR EL CAMBIO DE PENSAMIENTOS Y CONDUCTAS.

ADOLESCENCIA

TODA MI VIDA FUE CORRER, CORRER Y CORRER POR LO QUE QUERIA Y POR LO QUE YA NO QUERIA TAMBIEN, COMO FUE EL SALIRME DE MI CASA Y CASARME CON EL PRIMER TIPO QUE ME HABLO BONITO, ÉL DE VEINTIOCHO Y YO DE DIECISEIS AÑOS, DESPUES DIVORCIARME PARA DEJAR UNA VIDA, PEOR QUE LA QUE VIVIA ANTES DE CASARME.

LUEGO, POR VIVIR UNA ADOLESCENCIA TARDIA, QUE AUNQUE JOVEN, YA TENIA OBLIGACIONES MAYORES COMO SER MAMA.

UNA VEZ SEPARADA DEL QUE FUERA MI ESPOSO Y PADRE DE MI HIJA, COMENCE POR ESTUDIAR LA SECUNDARIA NOCTURNA. AÑOS DESPUES, ESTUDIE LA CARRERA TECNICA DE CONTADOR. ALLI TUVE COMPAÑEROS MAS JOVENES QUE YO, POR LO TANTO, AMIGOS, AMIGAS, FIESTAS, ESTUDIO, PUES QUERIA APRENDER.

TUVE VARIAS CARRERAS TECNICAS COMO PRIMEROS AUXILIOS, SECRETARIA EJECUTIVA, APARTE DE LA DE CONTADOR PRIVADO, Y LA SECUNDARIA NOCTURNA, BACHILLERATO ESCOLARIZADO PARA TRABAJADORES,

HASTA AQUÍ, TODO CON DIPLOMAS Y CERTIFICADOS, DESPUES, UN GRAN ORGULLO PARA MI, ESTUDIAR EN UNA INSTITUCION UNIVERSITARIA, LO CUAL YA MENCIONE ANTES, SIEMPRE QUERIENDO SUPERARME Y SER ALGUIEN CON LA IDEA DE APOYAR A MIS HIJOS Y TAMBIEN SACARLOS ADELANTE.

TAMBIEN, EN OTRO MOMENTO, TOME CURSOS PARA SER INSTRUCTORA DE AEROBICS, TENIENDO UN GRAN ÉXITO HASTA QUE ME EMBARACE DE MI HIJO, TAMBIEN DE ALTO RIESGO.

EN CUANTO SABIA DE TALLERES, CURSOS, SEMINARIOS, ETC., DE SUPERACION PERSONAL A LOS QUE PODIA ASISTIR, LOS TOMABA, YA QUE ESTOS ME PROPORCIONABAN SEGURIDAD EN MI MISMA E IBA CAMBIANDO MI MANERA DE PENSAR Y ACTUAR.

AHORA NO ME EXPLICO: ¡COMO ME DABA TIEMPO PARA TANTAS ACTIVIDADES Y ROLES EN UN DIA DE 24 HORAS! BUENO SI, DORMIA POCO, COMIA CUANDO PODIA Y LO QUE PODIA. AHORA PIENSO QUE PARTE DE MIS MALES ESTA EN ESA CARRERA LOCA QUE VIVI.

TAMBIEN FUME DESDE APROXIMADAMENTE LOS DIECISIETE AÑOS. POCAS VECES TOME VINO Y MENOS VECES ME EMBORRACHE, PERO AHORA COMPRENDO QUE LO HACIA SUSTITUYENDO NECESIDADES Y CARENCIAS AFECTIVAS. AFORTUNADAMENTE NO FUI ADICTA A NINGUN ESTUPEFACIENTE.

ME PREGUNTO: SI NO HUBIESE HECHO EJERCICIO Y TUVIESE ALGUNA ADICCION, ¿SERIA EL ESTUCHE DE ENFERMEDADES QUE SOY?, ¿AUN ESTARIA VIVA? O ¿ESTARIA VIVA Y PERO CON MAS ENFERMEDADES?

SE QUE LAS COSAS NO SUCEDEN PORQUE SI NADA MAS. MAS ADELANTE COMENTARE MI RAZON DE SENTIR PORQUE VOLVI A NACER Y JUSTIFICAR TODO LO QUE HE VIVIDO.

INFANCIA

SOY LA HIJA MAYOR DE 5 HIJOS Y DE UNOS PADRES MUCHO MUY TRABAJADORES, YO DIRIA QUE ADICTOS AL TRABAJO. AHORA LOS COMPRENDO, PUES MI PADRE SIN ESTUDIOS, NO LE QUEDABA MAS QUE TRABAJAR MAÑANA, TARDE Y NOCHE. MI MAMA, CON CINCO HIJOS, ATENDER NEGOCIO, CASA, MARIDO.

MI PATRON DE CONDUCTA FUE EL MISMO, TRABAJAR, HIJOS, CASA Y ESTUDIOS Y PORQUE NO, TAMBIEN DIVERSIONES.

DESPUES DE CASARME Y SEPARME FUI MAMA SOLTERA DURANTE VARIOS AÑOS Y NO CONTABA CON EL APOYO DE MIS PADRES Y MUCHO MENOS DE LOS PADRES DE MIS HIJOS, POR LO TANTO, TOMABA MI RESPONSABILIDAD O LA TOMABA. NO ME QUEDABA OTRA OPCION.

NO VOY A QUEJARME DICIENDO QUE TODOS ESOS AÑOS FUERON SOLO SUFRIMIENTO, ESFUERZOS Y PENAS, PORQUE TAMBIEN APROVECHE LAS DIVERSIONES, SOLO QUE CON MUCHAS LIMITACIONES COMPARADA CON UN HIJO DE FAMILIA, PUES TENIA

OBLIGACIONES BASTANTES Y POR SUPUESTO MAS RESPONSABILIDADES.

ENTRE TODOS MIS ROLES, TAMBIEN, A LA FECHA, SOY UNA MUJER QUE ME GUSTA HACER EJERCICIO, DE TAL MANERA, QUE CUANDO ME QUEDÉ SOLA CON MIS HIJOS, EJERCIA LA PROFESION DE DAR CLASES DE AEROBICS. A LA FECHA NO HE DEJADO DE HACER EJERCICIO Y AUNQUE ME APASIONA EL BAILE, AHORA MI EJERCICIO DEBE SER MUY MODERADO Y DE REHABILITACION, NATACION, ACOMPAÑADO DE RELAJACION Y MEDITACION.

DESDE QUE TENGO USO DE RAZON, RECUERDO AMARGAS EXPERIENCIAS, PUES EN CUANTO EMPECE A TENER HERMANOS, PRIMERO UN HERMANO Y LUEGO OTRO Y OTRO HASTA SER CINCO HIJOS, SIN SABER COMO, "A MI CORTA EDAD, TENIA MUCHAS RESPONSABILIDADES."

A TODOS MIS HERMANOS LOS QUIERO Y CADA UNO TIENE UN LUGAR ESPECIAL EN MI VIDA Y CORAZON, ASI COMO HE APRENDIDO A AMAR A MIS PADRES. PERO EN AQUELLOS MOMENTOS, LO MENOS QUE QUERIA, ERA SABER QUE TENIA HERMANOS LATOSOS, CHILLONES Y PELEONEROS. PRIMERO NACI YO, A LOS DOS AÑOS UN HERMANO, AL AÑO OTRO HERMANO, AL SIGUIENTE AÑO OTRO HERMANO, Y POR ULTIMO, AL SIGUIENTE AÑO MI HERMANA.

CUANDO NACIO MI PRIMER HERMANO, QUE AHORA A SIDO UNA BENDICION PARA MI QUE HAYA NACIDO, YA QUE ES UN MEDICO EXITOSO, MUY PREPARADO, RESPONSABLE Y UN SER HUMANO CON UN GRAN CORAZON, SIN QUITARLE MERITO A MIS OTROS HERMANOS, CUANDO NACIO SE CONVIRTIO EN MI

ENEMIGO NUMERO UNO, PUES MI PAPA Y MIS TIOS, AL SABER QUE AHORA SI TENIAN UN NIÑO VARON, MUY BONITO, GÜERO, Y QUE ADEMAS SE PARECIA MUCHO A MI PAPA, MAS QUE YO, ENFOCARON TODA SU ATENCION EN MI HERMANITO, PUES EN AQUELLOS TIEMPOS PREDOMINADA EL MACHISMO Y SI YO HUBIESE SIDO HOMBRE OTRO "SON" ME HUBIESE TOCADO.

LUEGO, AL AÑO, MI OTRO HERMANO, MUY BONITO Y SIMPATICO QUE SE GANABA EL CARISMA DE LA FAMILIA Y VECINOS NO SE PORQUE.

AL SIGUIENTE AÑO, MI OTRO HERMANO, TAMBIEN MUY BONITO Y MUY GÜERO, PERO QUE CADA QUE HACIA BERRINCHE, HABIA QUE PONER TODA LA ATENCION Y CUIDADOS EN EL, PARA EVITAR QUE SE PRIVARA, Y SE LE FUERA LA RESPIRACION, SE CONTORCIONARA Y SE PUSIERA MORADO.

PARA CERRAR CON BROCHE DE ORO, POQUITO DESPUES DE QUE MI HERMANO PEQUEÑO CUMPLIERA EL AÑO, NACE MI HERMANA. PARA COLMO, TAMBIEN GUERA, BONITA Y SIMPATICA, QUE TAMBIEN SE GANO EL CARIÑO DE LOS VECINOS Y LA FAMILIA, PUES SE PARECIA A MI MAMA, QUE EN SU MOMENTO FUE MUY GUAPA, Y QUE AUN CONSERVA SUS FINAS FACCIONES.

¡IMAGINEN EL ROL QUE A MI ME TOCO!: LA QUE TENIA QUE APRENDER A HACER QUEHACER, A CUIDAR HERMANITOS, RESPONDER POR LO QUE LE PASARA A ALGUNO DE ELLOS, PUES MIS PAPAS SIEMPRE TRABAJANDO COMO NEGROS, MAÑANA, TARDE Y NOCHE PARA ¡MANTENER A CINCO HIJOS! MI PAPA NO TERMINO LA PRIMARIA Y MI MAMA ESTUDIO HASTA LA SECUNDARIA. SIEMPRE FUERON COMERCIANTES,

INCLUSO DESDE ANTES DE CONOCERSE. ESO SI, CON MUCHAS GANAS DE SALIR ADELANTE!

RECUERDO HABER ENTRADO A LA PRIMARIA DE 6 AÑOS PERO A SEGUNDO AÑO PORQUE YA SABIA LEER, ESCRIBIR Y CONTAR, POR LO TANTO LOS COMPAÑEROS ERAN MAYORES QUE YO, ALGUNOS POR UN AÑO, OTROS POR DOS. EL CASO ES QUE YO ERA UNA NIÑA NO MUY DESARROLLADA, PARECIA MAS PEQUEÑA. TAMPOCO ERA MUY AGRACIADA, PUES ERA FLAQUITA SIN CHISTE, MORENA, MIEDOSA, TIMIDA Y ME APLICABAN LO QUE AHORA LE LLAMAN "BULLING", ALGUNAS COMPAÑERAS, LUEGO ME ROBABA MI TORTA O MIS LAPICES, EN FIN.

LAS VECES QUE ACEPTABAN QUE JUGARA CON ELLOS, ERA PORQUE NO SE COMPLETABAN LOS QUE TENIAN QUE SER O PORQUE UNA GRAN COMPAÑERA Y AMIGA, LA UNICA EN LA PRIMARIA, MAS GRANDE QUE YO, POR DOS AÑOS, LES DECIA QUE SI NO JUGABA YO, ELLA TAMPOCO Y ERA COMO ACEPTABAN QUE YO PARTICIPARA.

SIEMPRE, SIEMPRE, TERMINABA CON LAS RODILLAS RASPADAS Y GOLPEADAS Y SANGRANDO IGUAL QUE LAS MANOS Y A VECES LA CARA, PUES TODOS ERAN MAS ALTOS QUE YO Y CON CUALQUIER EMPUJON O DESCUIDO ME CAIA. (TENGO LA EVIDENCIA EN MIS RODILLAS TUPIDAS DE CICATRICES).

EL CASO ES QUE CRECI CON MUCHOS MIEDOS, INSEGURIDAD, REPRESIONES, FRUSTRACIONES, ETC. POR LO QUE AL TERMINAR LA PRIMARIA YA NO QUISE ESTUDIAR LA SECUNDARIA POR MIEDO A ENTRAR A INTERACTUAR CON COMPAÑEROS NUEVOS Y TAMBIEN MAYORES QUE YO, PUES TERMINE LA PRIMARIA POCO ANTES DE LOS ONCE AÑOS.

POR OTRA PARTE, Y POR ESAS FECHAS, TAMBIEN ESTABAMOS ESTRENANDO CASA, UNO DE LOS SUEÑOS DE MIS PAPAS ERA TENER SU CASA PROPIA Y DEJAR DE PAGAR RENTA. ESO SI, ERA TODO OBRA NEGRA Y HECHA TAMBIEN "EN RATOS LIBRES DE MIS PAPAS" PUES TODOS METIMOS MANOS A LA OBRA, LITERALMENTE, EN ESA CASA; MIS HERMANOS Y YO, DESDE ACARREAR, ARENA, GRABA, TABIQUE, AGUA, HACER MEZCLA, ETC.

TENGO ESOS GRANDES RECUERDOS COMO RETOS A VENCER. EJEMPLOS QUE MIS PADRES SIEMPRE INCULCARON EN NOSOTROS SUS HIJOS.

AL NO QUERER YA ESTUDIAR LA SECUNDARIA. ME CONDICIONARON MIS PADRES IMPONIENDO LAS REGLAS: O "TRABAJAS O ESTUDIAS". ¡ASI TENIA QUE SER! ANTES NO EXISTIAN LOS "NINIS", O POR LO MENOS NO SE CONOCIAN, NI SIQUIERA EL "ARIAS",

ECONOMICAMENTE LAS COSAS ESTABAN POR LA CALLE DE LA AMARGURA, PUES MI PAPA SE DEDICO A VENDER DULCES POR MAYOREO EN LAS TIENDAS CHICAS, A ARREGLAR RADIOS Y TELEVISORES, Y DABA CLASES DE GUITARRA, LOGRANDO REUNIR UNA CANTIDAD MUY PEQUEÑA PERO SUFICIENTE PARA PONER UN NEGOCIO, EL CUAL YO TENDRIA QUE ATENDER Y DONDE ME PAGARIA ¡CINCO PESOS DIARIOS!

¿SUENA RIDICULO? PARA MI ERA MAS QUE SUFICIENTE, ¡YO TENIA ONCE AÑOS Y CON ESO *ME PODIA COMPRAR LO QUE QUISIERA*" SEGÚN YO.

ASI, POSTERIORMENTE, A MI MAMA LE PARECIO BUENA IDEA QUE YO ENTRARA A ESTUDIAR "PRIMEROS AUXILIOS". EL CURSO FUE DE UN AÑO Y RECIBI MI DIPLOMA.

IMAGINATE QUE A LOS ONCE CASI DOCE AÑOS, ESTUVE EN ALGUNOS HOSPITALES HACIENDO "PRACTICAS" EN LAS QUE UNA OCASIÓN VI COMO NACIO UN BEBE MUERTO Y ¡ME IMPACTE TANTO! QUE COMENCE A DUDAR QUE IBA A PODER CON ESO.

POCO DESPUES, ENTRE AL HOSPITAL INFANTIL, DONDE DEFINITIVAMENTE ME CONVENCI DE QUE VER SANGRE Y HERIDOS NO ERA PARA MI.

A LA EXIGENCIA DE MI PAPA Y NECESIDADES ECONOMICAS, TENIA QUE TRABAJAR EN ALGO QUE PUDIERA YO DAR GASTO EN CASA PARA AYUDAR ECONOMICAMENTE, POR QUE LO QUE, EN CONTRA DE LA VOLUNTAD DE MI MAMA, PUSE UN LETRERO EN CASA QUE DECIA: "SE APLICAN INYECCIONES Y SUEROS". "ESTO FUE FABULOSO", PARA MI, PUES COBRABA UN PESO POR INYECCION Y UN POCO MAS POR LOS SUEROS. PARA MI SEGUIA SIENDO MUCHO, PERO NO LO SUFICIENTE PARA MIS PAPAS Y LAS NECESIDADES, A PESAR QUE APLICABA BASTANTES INYECCIONES AL DIA.

POCO DESPUES ME CONVENCIERON QUE ESTUDIARA PARA SECRETARIA PORQUE ERA UN BUEN TRABAJO Y PODIAN PAGARME BIEN, ETC. EN ESOS TIEMPOS NO ERA INDISPENSABLE NI LA SECUNDARIA.

YO AUN TENIA MIEDO DE ALEJARME DE CASA, PUES LA "ACADEMIA" DONDE TENDRIA QUE ESTUDIAR ESTABA UN POCO RETIRADA Y TENIA QUE IR EN CAMION, PERO IGUALMENTE, LOS COMPAÑEROS ERAN MAYORES, YO YA TENIA TRECE Y ELLOS, TODOS, ARRIBA DE QUINCE AÑOS Y TAMBIEN HABIA UNA QUE OTRA COMPAÑERA RACISTA, PUES HABIA MUCHO "JUNIOR" Y YO NO ERA MUY BIEN VISTA, AL MENOS ESO SENTIA Y ME INTIMIDABAN. RECUERDO

MUY BIEN A UNA TAL MAGDALENA, ANTIPATICA LA CHAMACA, PERO MUY POPULAR, QUE ME MIRABA INTIMIDANDOME, ME EMPUJABA" CADA QUE PASABA CERCA DE MI, EN FIN.

TAMBIEN HABIA BUENOS COMPAÑEROS QUE, SI NO FUIMOS AMIGOS, TAMPOCO ME TRATABAN MAL Y POR SUPUESTO, NO FALTO EL COMPAÑERO QUE ME GUSTABA.

MUY GUAPO ÉL, PERO ¡QUÉ ESPERANZAS DE QUE SE FIJARA EN MI, UNA CHAVITA FLAQUITA, INSIGNIFICANTE Y TIMIDA, PERO ESO SI, MUY INTELIGENTE; TAMBIEN RECUERDO A SU HERMANA, MUY LINDA COMPAÑERA Y GUAPA.

TERMINE MI CARRERA TECNICA A LOS QUINCE AÑOS Y HUBO GRADUACION SIN FIESTA, PUES NO HABIA RECURSOS PARA ESO.

SIN EMBARGO, AUNQUE HABIA MOTIVOS PARA HACER UNA BONITA FIESTA, TAMBIEN POR MIS QUINCE AÑOS, SOLO SE HIZO UNA MISA COMUNITARIA, CON LA FAMILIA MAS ALLEGADA Y UN VESTIDO QUE ME HIZO MI TIA A LA CUAL QUIERO MUCHO. ESE VESTIDO LO HIZO CON MUCHO ENTUSIASMO, PERO NO ERA COMO YO LO HABRIA QUERIDO Y BUENO AL FIN Y AL CABO TUVE UNA FIESTA MUY AUSTERA, PERO FIESTA AL FIN.

EL PROBLEMA VINO CUANDO EN NINGUNA PARTE ME QUERIAN DAR TRABAJO POR LA EDAD Y MI PAPA PRESIONABA PUES URGIA APORTAR INGRESOS Y PUES ALTERARON MI ACTA DE NACIMIENTO AUMENTANDO MI EDAD, LO CUAL FUE DIFICIL. ME VEIA MAS CHICA DE LO QUE ERA.

FINALMENTE CON AYUDA DE OTRA TIA, QUE TAMBIEN QUIERO MUCHO, ENTRE A TRABAJAR DE EMPLEADA DE MOSTRADOR MIENTRAS, HABIA VACANTES PARA SECRETARIA, PERO SOLO DURE DOS MESES, SE ACABO LA TEMPORADA NAVIDEÑA Y A RECORTAR PERSONAL.

ANTE TODOS ESTOS ACONTECIMIENTOS, YO ESTABA EN LA EDAD DE QUERER IR CON MIS AMIGAS, TAMBIEN VECINAS, QUE ERAN TRES O CUATRO DE MI CALLE, A CAMINAR, A LA FERIA, A VER ROPA, A LOS BAILES.

LO QUE MAS QUERIA ERA IR A LOS BAILES, PUES MIS AMIGAS IBAN CADA DOMINGO. SE LES LLAMABA "TARDEADAS". TENIA QUE CONFORMARME CON BAILAR EN MI CASA CON MI HERMANO EL QUE ME SIGUE AL QUE TENIA QUE PAGARLE PARA QUE ME DEJARA PRACTICAR CON ÉL. AHORA LO RECUERDO Y ME DA RISA, PERO EN ESOS TIEMPOS, TENIA QUE ROGARLE ADEMAS DE PAGARLE. (ANDALE MANITO. UNA MAS Y YA)

YO MORIA POR BAILAR Y ¡NO ME DABAN PERMISO! ¡NUNCA FUI A NINGUNA "TARDEADA"!

EL BAILE Y LA MUSICA HA SIDO UNA PASION PARA MI. SOLO ESCUCHO MUSICA Y MI CEREBRO ACTIVA A MIS NEURONAS Y EMPIEZO A MOVERME ¡CASI INCONSCIENTEMENTE!

VOLVIENDO A LO DEL TRABAJO. PARA ESOS TIEMPOS UN VECINO ME RECOMENDO EN UN DESPACHO PUBLICO PARA TRABAJAR DE SECRETARIA Y COMENCE TRABAJANDO COMO TAL. EN ESTE LUGAR APRENDI A INTERACTUAR CON GENTE DE VARIOS NIVELES ECONOMICOS, SOCIALES Y CULTURALES Y A EMPAPARME DE CONOCIMIENTOS CONTABLES PERO SOBRE TODO DE LO FISCAL, O SEA IMPUESTOS.

TENIA A FLOR DE PIEL EL MIEDO DE HABLAR, DESARROLLARME Y SOBRE TODO DE RESPONDER A CUALQUIER PREGUNTA POR TEMOR A LA BURLA, A EQUIVOCARME O HACER EL RIDICULO, AUNQUE YO SABIA QUE PODIA.

ALLÍ CONOCI AL PRIMER HOMBRE QUE HUBO EN MI VIDA Y QUE SI YO PENSABA QUE SUFRI EN MI INFANCIA, ESTE ME ENSEÑO A SABER LO QUE ERA VERDADERAMENTE EL INFIERNO. PERO ES TEMA DE OTRA SITUACION QUE TAL VEZ DE A CONOCER EN OTRO MOMENTO, YA QUE HAY INFINIDAD DE HISTORIAS COMO LA MIA.

A LOS 18 AÑOS ME CASE, A LOS 23 TUVE A MI PRIMER HIJA, LA CUAL MURIO, A LOS 24 TUVE OTRA HIJA, QUE AUNQUE ES DEL HOMBRE QUE TANTO DAÑO ME HIZO, (PORQUE YO LO PERMITIA DEBIDO A MI FALTA DE EXPERIENCIA, AUTO-ESTMIA Y CONFIANZA EN MI)

ELLA HA SIDO UNA BENDICION. A LOS 28 AÑOS ME SEPARE Y COMIENZO UNA NUEVA HISTORIA.

AL DARME CUENTA QUE SOY "LIBRE", TAMBIEN ME DOY CUENTA QUE NO TENGO SUFICIENTE CULTURA O CONOCIMIENTOS Y ENTRO A ESTUDIAR LA SECUNDARIA NOCTURNA, LA CUAL TERMINO, AL MISMO TIEMPO QUE EMPIEZO A CONOCER LAS "DISCOS" COMO ANTES SE LES LLAMABA.

MIS HERMANOS YA HABIAN CRECIDO Y CON ELLOS EMPEZO LA DIVERSION, PUES ERAN SOLTEROS LOS TRES HOMBRES, MI HERMANA YA SE HABIA CASADO Y PUES SOLO SALIAMOS LOS CUATRO HERMANOS CON AMIGOS Y A VECES CON ALGUN NOVIECILLO QUE YO TUVIERA Y NOVIAS DE MIS HERMANOS. AL MISMO TIEMPO DESEMPEÑABA EL PAPEL DE MAMA, AMA DE CASA, ESTUDIANTE DE UNA CARRERA TECNICA Y COMERCIANTE. AHORA ME PREGUNTO ¿COMO LE HACIA PARA HACER TANTAS COSAS? ¡ERA INCANSABLE!

JAMAS DEJE DE SER RESPONSABLE CON MIS OBLIGACIONES Y CUANDO MI HIJA CUMPLIO NUEVE AÑOS, LE DOY LA NOTICIA DE QUE IBA A TENER UN

HERMANITO, LO CUAL PARECIA EL PECADO MAS GRANDE DEL MUNDO PUES MIS PAPAS, EL PAPA DE MI BEBE Y SU FAMILIA PEGARON EL GRITO EN EL CIELO. OTRA HISTORIA DOLOROSA QUE TAMBIEN SERA EN OTRA OCASIÓN.

CON DOS HIJOS, UNA FUERTE DESILUSION POR EL ABANDONO DEL PADRE DE MI BEBE, CON UNA FUERTE NECESIDAD ECONOMICA, Y CON MUY POCAS GANAS DE VIVIR, INTENTE Y TUVE IDEAS SUICIDAS FALLIDAS, ¡GRACIAS A DIOS!, PUES ¡ESTOY AQUÍ!

MI DIOS, JUNTO CON MIS ANGELES Y ARCANGELES, SIEMPRE JUNTO A MI, MANDANDOME SEÑALES DE AYUDA Y YO CON MIS PENSAMIENTOS NEGATIVOS, NO TENIA TIEMPO NI GANAS DE VOLTEAR A VER ESAS SEÑALES, HASTA QUE UN DIA ME PASO ALGO ¡INESPERADO Y FANTASTICO! LO CUAL ME DIO MOTIVACION PARA VOLVER A SENTIR LOS DESEOS DE SUPERARME PARA SALIR ADELANTE.

SIN DEJAR DE TRABAJAR Y BUSCANDO FORMAS DE GANAR DINERO PARA SEGUIR ESTUDIANDO, VENDIA PRODUCTOS DE BELLEZA, DABA CLASES DE AEROBICS, LLEVABA CONTABILIDADES DE ALGUNOS CLIENTES

QUE ME BUSCARON CUANDO ME SALI DEL DESPACHO DONDE TRABAJE POR QUINCE AÑOS.

ME INSCRIBI EN UN INSTITUTO PARA ESTUDIAR CONTABILIDAD TECNICA Y RECIBI MI DIPLOMA PERO AUN ME SENTIA CON POCA CULTURA Y TENIA AMBICION POR PREPARARME MAS Y ENTRE A ESTUDIAR BACHILLERATO, LO CUAL LOGRE TERMINAR CON MUCHO ESFUERZO Y SACRIFICIO, PUES ERA MALPASARME Y DESVELARME CON TAREAS, QUEHACERES EN CASA, Y UN TANTO DESCUIDANDO A MIS HIJOS, PUES TAMBIEN TENIA QUE TRABAJAR PARA SOSTENER LOS GASTOS MIOS, DE LA CASA Y DE MIS HIJOS, PUES SUS PADRES, SE HICIERON OJO DE HORMIGA, LO CUAL SE DA MUY COMUNMENTE EN MEXICO.

UNA VEZ TERMINANDO EL BACHILLERATO, HAGO MI EXAMEN PARA LA CARRERA DE CONTADOR PUBLICO Y FUI SELECCIONADA, LO CUAL ME HIZO SENTIR FELIZ. ¡A MI EDAD!, ¡EN MIS CONDICIONES! ENTRO A LA **INSTITUTUCION UNIVERSITARIA** QUE FUE MI PRIMERA OPCION.

AL ENTRAR A ESTUDIAR LA CARRERA QUE ELEGI PUES PENSABA QUE DEBIA DEDICARME A ESTO, YA QUE LA ESTABA EJERCIENDO Y ERA PARTE DE MI "MODUS VIVENDI" PENSE QUE ESO ERA LO MIO.

EN LA MATERIA DE PSICOLOGIA QUE TUVE EN BACHILLERES, ME QUEDO LA ESPINITA DE QUE ME GUSTABA LA PSICOLOGIA Y ALGUN DIA ESTUDIARIA LA CARRERA.

CON LOS TEMAS QUE CONOCI EN ESTA MATERIA EN TAN SOLO DOS UNIDADES, COMPRENDI MUCHAS

COSAS DE MI Y MI BAJA AUTO-ESTIMA Y FALTA DE CONFIANZA Y COMENCE A TENER SEGURIDAD EN MI, EN MI INTELIGENCIA, EN MI PERSONA Y EN QUE YO NO ERA NI TONTA Y TAN FEA COMO ME LO HICIERON CREER TANTAS VECES, TANTAS PERSONAS DURANTE MI INFANCIA Y ADOLESCENCIA, POR ESO, CUANDO SALIO MI NOMBRE EN LOS RESULTADOS DE LOS ESTUDIANTES QUE HABIAN SIDO SELECCIONADOS EN LA FACULTAD, ME LLENO DE REGOCIJO, ME SENTI Y ME CREI CAPAZ DE LOGRAR TODO LO QUE YO QUISIERA. ¡QUE ORGLULLO!; ESTUDIANTE DE LA ESCUELA SUPERIOR DE CONTABILIDAD Y ADMINISTRACION, PERO YA NO PUDE TITULARME COMO CONTADOR.

LAS CIRCUNSTANCIAS CON MI HIJA FUERON MUY COMPLICADAS PUES LA HABIA DESCUIDADO Y A SUS QUINCE AÑOS, SIENDO UNA EXCELENTE ESTUDIANTE PERO TAMBIEN CON MUCHOS TRAUMAS Y CARENCIAS, REPITE MI HISTORIA. "PATRONES DE CONDUCTA".

SI YO VIVI UN INFIERNO CON SU PADRE, ELLA LO VIVIO DOBLEMENTE CON EL PADRE DE SU HIJA Y YO NO DEJE DE SENTIRME SIEMPRE CULPABLE. AHORA ES MADRE SOLTERA PERO AFORTUNADAMENTE LA VIDA ME DIO LA OPORTUNIDAD DE RESCATARLA AÑOS DESPUES.

PSICOLOGIA.
LA CARRERA DE MIS SUEÑOS
POR MUCHOS AÑOS.

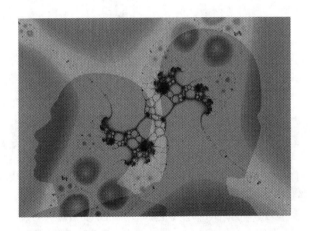

MI DIOS, MIS ANGELES O COMO QUIERAS LLARMARLE, ME HAN DADO EL DON DE GENERAR EMPATIA CON LAS PERSONAS. NO VOY A NEGAR QUE HAY A QUIEN NO LE CAIGO BIEN, SIN EMBARGO, ESO NO ME PREOCUPA; PERO ME DA GUSTO CUANDO GENTE DESCONOCIDA, DE LA NADA, ME COMENTA SITUACIONES PERSONALES, PROBLEMAS, O SIMPLEMENTE COMENTA EL CLIMA. ESTO SE ME PRESENTA SEGUIDO Y DONDEQUIERA QUE VOY.

ANTES DE ENTRAR A LA UNIVERSIDAD, PENSABA QUE SI ESTUDIABA PISCOLOGIA PODRIA AYUDAR MUCHO A LA GENTE CON GRAVES PROBLEMAS Y SOBRE TODO A QUIEN TENIA PROBLEMAS PARECIDOS A LOS MIOS Y ACONSEJARLES COMO HICIERAN PARA RESOLVERLOS, "YA QUE A MI ME HABIAN DADO RESULTADO".

AHORA ME DOY CUENTA QUE NO SE TRATA DE DAR CONSEJOS, SINO DE HACER QUE "TE DES CUENTA" Y RECONOZCAS CUALES SON TUS FALLAS, DEBILIDADES, ERRORES, ASI COMO TUS OPORTUNIDADES Y HABILIDADES.

EN ENERO DEL AÑO 2010, CON MUCHO MIEDO, ME ATREVI A INSCRIBIRME EN UNA UNIVERSIDAD PRIVADA DE PRESTIGIO, PARA ESTUDIAR LA LICENCIATURA EN PSICOLOGIA.

SENTIA UN TERRIBLE MIEDO DE NO PODER PAGAR MIS COLEGITURAS EN ALGUN MOMENTO, Y TENER QUE DEJAR LA CARRERA POR FALTA DE RECURSOS ECONOMICOS; MIEDO A NO PODER CAPTAR ADECUADAMENTE LAS CLASES, TAREAS, ETC., PUES HACIA MUCHOS AÑOS HABIA DEJADO DE ESTUDIAR; A CAMBIAR MIS COMODIDADES COMO LEVANTARME NO TAN TEMPRANO, COMER A MIS HORAS, DE VEZ EN CUANDO SALIR DE PASEO, Y ECONOMICAMENTE RESTRINGIR GASTOS, ENTRE OTROS MIEDOS Y TAMBIEN POR DESATENDER A MI FAMILIA.

PLATIQUE DESDE MUCHO TIEMPO ATRÁS CON MIS HIJOS Y ESPOSO INCLUSO HERMANOS, Y TODOS ME SUGERIAN QUE HICIERA MI EXAMEN EN LA UNIVERSIDAD DE GOBIERNO Y NO MUY CONVENCIDA DE ESTO, TOME CURSOS PARA EL EXAMEN UNICO, PRESENTANDOLO EN SU MOMENTO Y A LO QUE NO ME DESILUSIONO EL RESULTADO: NO FUI SELECCIONADA.

PARA MI ERA MUY DESGASTANTE PARA EMPEZAR, EL TRASLADARME DE MI CASA A LA DICHA UNIVERSIDAD, CUALQUIERA QUE FUERA LA SEDE, PARA MI EDAD, CONDICIONES Y RESPONSABILIDADES, SERIA DESGASTANTE IR TAN LEJOS.

DESDE MI PUNTO DE VISTA, LO QUE ME IBA A AHORRAR EN COLEGIATURAS EN LA ESCUELA PRIVADA, LO IBA A GASTAR EN PASAJES Y TIEMPO DE TRASLADO, QUE BIEN PODIA OCUPAR EN HACER TAREAS.

EFECTIVAMENTE FUE ASI. ME QUEDABA MUY CERCA LA UNIVERSIDAD PRIVADA A LA QUE ME INSCRIBI, POR LO TANTO, BIEN ME QUEDABA LEVANTARME A LAS CINCO DE LA MAÑANA PARA ENTRAR A LAS SIETE Y SALIR A LA UNA DE LA TARDE LOS PRIMEROS CUATRIMESTRES Y LLEGAR A TRABAJAR UN RATO, DEDICAR ALGO DE TIEMPO COMO AMA DE CASA Y POR LA TARDE-NOCHE HACER TAREAS.

FUE UN VERDADERO RETO A VENCER LOS PRIMEROS DOS CUATRIMESTRES.

TANTO EN HABITUARME A LEVANTARME TEMPRANO, COMER MAS TARDE, INTERARCTUAR CON MAESTROS Y COMPAÑEROS. MUCHOS DE ELLOS MUY BUENOS HUMANAMENTE. TENGO RECUEDOS DE MAESTROS Y COMPAÑEROS MUY AGRADABLES, AUNQUE NO FALTARON MAESTROS Y COMPAÑEROS PEDANTES, PERO FRANCAMENTE NO TENIAN MUCHA IMPORTANCIA PARA MI. AL MENOS, NO AFECTARON EN MI DESEMPEÑO.

LO QUE AFECTO MI DESEMPEÑO FUE TANTO TIEMPO SIN ESTUDIAR. ME COSTABA MUCHO TRABAJO COMPRENDER, RECORDAR, ANOTAR, HABLAR O PREGUNTAR POR MIEDO A HACER EL RIDICULO ENTRE TANTO CHAVILLO QUE CAPTABA TAN RAPIDO, AUNQUE

TENIA DOS O TRES COMPAÑEROS YA MADUROS, PERO MUY BUENOS PARA CAPTAR. COMPAÑEROS CON LOS QUE AFORTUNADAMENTE PUDE HACER AMISTAD Y ME AYUDARON MUCHO, ENTRE ELLOS UNA AMIGA QUE FUE HASTA CASI MITAD DE CARRERA UNA BELLISIMA COMPAÑERA, PUES ME AYUDO BASTANTE A ENTENDER MATERIAS QUE A MI COSTARA TANTO TRABAJO COMPRENDER.

ELLA, POR ALGUNA RAZON, DEJO DE TENERME TOLERANCIA O CAI DE SU GRACIA, LA VERDAD NO SE QUE PASO, PERO COMENZO A TRATARME GROSERAMENTE Y COMO FUE PARA MI UNA GRAN AMIGA Y COMPAÑERA, ME DOLIO MUCHO SU MAL TRATO Y OPTE POR RETIRARLE MI AMISTAD, INCLUSO DESCARTE LOS PROYECTOS QUE TENIAMOS PARA UN FUTURO PROXIMO.

PESE A ESTO, SEGUI SIENDO AFORTUNADA CON OTRAS COMPAÑERAS CON LAS QUE TAMBIEN TUVE UNA BONITA AMISTAD ASI COMO CON ALGUNOS COMPAÑEROS QUE ME BRINDARON SU CONFIANZA PARA SALIR DE DUDAS CADA QUE SE ME ATORABA ALGO Y SEGUI ADELANTE.

AUN A PESAR DE LO DIFICIL QUE FUERON LOS DOS PRIMEROS CUATRIMESTRES, LOGRE OBTENER UNA BECA POR MI BUEN PROMEDIO.

DECIMOS QUE TODOS LOS DIAS APRENDEMOS ALGO NUEVO Y EN ESTA CARRERA, ADEMAS DE APRENDER MUCHO, COMENCE, INCONSCIENTEMENTE, A OBSERVAR EL COMPORTOMIENTO QUE TODOS LOS QUE ME RODEABAN Y TRATABA DE JUSTIFICAR COMPORTAMIENTOS ANALIZANDO A LA FAMILIA, INFANCIA, PATRONES DE CONDUCTA, EN FIN.

PERO SOBRE TODO, APRENDI MUCHO DE MI, MIS CONDUCTAS, "MIS RAZONES" PARA COMPORTARME COMO LO HACIA EN CIERTAS OCASIONES.

FUI GANANDO CONFIANZA EN MI, EN TODO LO QUE PODIA HACER AUN POR Y PARA MI Y MI FAMILIA. AUNQUE ESTO NO QUIERE DECIR QUE ME VOLVI PERFECTA. DESDE LUEGO QUE NO. COMO SER HUMANO QUE SOY, SIGO TENIENDO ERRORES Y DEFECTOS PERO AL MENOS YA PIENSO DOS O TRES VECES ANTES DE ACTUAR Y DE DECIR.

EN LO QUE SE REFIERE A LAS OBLIGACIONES ESCOLARES, ME VEIA MUY PRESIONADA YA QUE NO TENIAMOS MAS DE DOS SEMANAS DE VACACIONES POR EL TIPO DE MODELO ESCOLAR, SIN EMBARGO, ENTRE MAS AVANZABAN LOS CUATRIMESTRES EN SUS MATERIAS ESPECIFICAS DE LA CARRERA, MAS QUERIA SABER Y AVANZAR.

UNA OCASIÓN, EN UNA MATERIA QUE SE LLAMA "PSICOPATOLOGIA I" IMPARTIDO POR UN PROFESOR PSICOANALISTA, DEL CUAL APRENDI MUCHO, EN UNA CLASE QUE SE HABLO DEL CEREBRO Y COMO FUNCIONABA, ME IMAGINABA COMO PODRIA ABRIR UN CEREBRO PARA INVESTIGAR FISICAMENTE LO QUE DECIA LA TEORIA Y LE PREGUNTE AL PROFESOR QUE DONDE PODIA CONSEGUIR UN CEREBRO Y

ME COMENTO QUE EL MAS PARECIDO AL DEL SER HUMANO ERA EL DE UN CERDO.

UNOS DIAS DESPUES, FUI A CONSEGUIRLO A UNA CARNICERIA Y ASI COMO ME LO DIERON LO COMENCE A EXPLORAR HACIENDOLO PEDAZOS PUES, ADEMAS DE NO ENCONTRAR LO QUE YO PENSE ENCONTRAR, SE ME BATIO, DESVARATO Y ¡NO DESCUBRI NADA!!.

LE COMENTE AL PROFESOR EN UNA CLASE POSTERIOR Y ME DIJO CON MUCHA RISA QUE ASI NO SE HACIA. ¡HABIA QUE PREPARAR EL CEREBRO CON FORMOL PARA QUE NO SE DESBARATARA! Y BUENO UNA VEZ DESBARATADO MI ESPOSO HIZO QUESADILLAS DE SESOS.

ASI TRANSCURRIERON LOS DEMAS CUATRIMESTRES.

TAREAS, PRACTICAS, TRABAJOS, EXPOSICIONES, TRABAJOS DE EQUIPO, DESVELOS Y MALPASADAS PERO FELIZ DE APRENDER LO QUE YO QUERIA SABER.

MI RELACION CON LOS MAESTROS ERA MUY BUENA, ME TENIAN MUCHA PACIENCIA PARA EXPLICARME Y TAMBIEN HUBO ALGUNOS VINCULOS DE AMISTAD Y CONFIANZA, AUNQUE EN SU ROL DE PROFESORES FUERON MUY EXTRICTOS PERO HUBO MUCHA ESTIMA DE AMBAS PARTES.

NO TODOS LOS PROFESORES ERAN TAN AGRADABLES Y CON ESOS SI HABIA QUE REDOBLAR ESFUERZOS EN CUMPLIR CON SUS EXIGENCIAS EN TAREAS O PRESENTACIONES EN CLASE.

REALMENTE FUERON MUY POCOS PROFESORES ANTIPATICOS O PEDANTES E INTRATABLES.

EN ALGUN CUATRIMESTRE TUVE LA OPORTUNIDAD DE ENTRAR A ESTUDIAR UN DIPLOMADO DE TANATOLOGIA, OBTENIENDO MI DIPLOMA, CON

DURACION DE NUEVE MESES, EL CUAL FUE UN COMPLEMENTO MAS PARA MI CARRERA, ASI COMO COMPRENDER MEJOR LA CONDUCTA, LOS PENSAMIENTOS HUMANOS, Y LA MUERTE

TAMBIEN SE Y ME DI CUENTA QUE PARA MI ERA UNA FORMA DE HUIR DE MIS PROBLEMAS FAMILIARES, PUES COMO ES COMUN EN LAS FAMILIAS, NO FALTABAN LOS PROBLEMAS QUE ME CAUSABAN MAS ESTRÉS Y PRESIONES EMOCIONALES QUE LA MISMA ESCUELA.

POR UNA PARTE, MI HIJO ADOLESCENTE, QUE TRABAJABA Y LE IBA MUY BIEN EN SU TRABAJO. TANTO, QUE POR TENER DISPONIBILIDAD ECONOMICA LO MALGASTABA EN PARRANDAS Y VINO CON SUS AMIGOS AL GRADO DE CAER EN EL ALCOHOLISMO.

POR OTRO LADO, MI NIETA, DE QUE ME HICE CARGO EN CUANTO A LLEVARLA Y TRAERLA DE LA ESCUELA, YA QUE SU MAMA, MI HIJA, TRABAJABA TODO EL DIA DE LUNES A SABADO Y SE ENCARGABA DE LOS GASTOS DE SU HIJA, APORTAR GASTO EN LA CASA Y SUS QUEHACERES LOS DOMINGOS, PERO AL MOMENTO DE ENTRAR YO A LA UNIVERSIDAD, ME DESPRENDI DE LAS RESPONSABILIDADES PARA CON SU HIJA JUSTO CUANDO ÉSTA INGRESÓ A LA SECUNDARIA Y COMO ES DE SABERSE, ES EL MOMENTO CRUCIAL DE PONER MUCHA ATENCION A NUESTROS HIJOS.

EL CASO ES QUE MI NIETA, ANTE EL DESCUIDO DE SU MAMA Y TAMBIEN MIO, COMIENZA A INVOLUCRARSE CON AMISTADES DE MUY MALA REPUTACION, CON TIPOS MAYORES QUE ELLA, Y LO QUE ES PEOR, COMENZO A CONOCER LOS ESTUPEFACIENTES.

YO EN MIS CARRERAS LOCAS LO UNICO QUE HACIA ERA EXIGIRLE A MI HIJA QUE PUSIERA MAS ATENCION EN SU HIJA Y LE PROHIBIERA TANTAS SALIDAS Y PERMISOS Y RESTRINGIERA SU CELULAR, PERO HACIA TODO LO CONTRARIO, CON LA CULPA INCONSCIENTE DE NO PODER BRINDARLE ATENCION Y TIEMPO.

LO ANTERIOR ME GENERABA MUCHOS PROBLEMAS CON MI ESPOSO PUES PRACTICAMENTE CADA QUIEN HACIA LO QUE QUERIA, LLEGABAN A LA HORA QUE QUERIAN, SIENDO QUE NI EL NI YO DABAMOS MAL EJEMPLO EN CASA Y PRACTICAMENTE TENIAN TODO LO NECESARIO PARA COMER Y VESTIR.

Y EL TIRO DE GRACIA VINO CUANDO, EN EL ULTIMO CUATRIMESTRE, PRESENTADO EXAMENES, TOMANDO CURSOS PARA EL EXAMEN PROFESIONAL, EL SERVICIO SOCIAL, TAREAS, ENTREVISTAS CON PACIENTES Y TODOS LOS REQUERIMIENTOS PARA DAR FIN A LA CARRERA, LA SEÑORA QUE CONSIGUIO MI ESPOSO PARA QUE ME AYUDARA EN ALGUNOS QUEHACERES DE CASA, Y QUE DURO DOS AÑOS "TRABAJANDO" CON NOSOTROS, DESCUBRIRMOS QUE NOS ESTABA ROBANDO.

MI ESPOSO DURANTE MAS DE UN AÑO ESTUVO AHORRANDO UN DINERO PARA PAGAR UNA DEUDA DE UN PRESTAMO QUE MI PAPA LE HIZO Y CUANDO IBA A PAGAR, RESULTA QUE LE FALTABAN MAS DE OCHO MIL PESOS, DE IGUAL MANERA, AMI ME FALTABA MUCHO DINERO.

EN ESA TEMPORADA OCURRIERON ¡TANTAS COSAS!, QUE DESENCADENARON MI ENFERMEDAD, LA *FIBROMIALGIA*.

IMAGINATE LO QUE TE ACABO DE MENCIONAR Y:

- MI NIETA SE FUE DE LA CASA CON UN TIPO DE MALAS REFERENCIAS, CUANDO ELLA APENAS TENIA CATORCE AÑOS Y ESTE TIPO VEINTIUNO, Y BUENO HASTA ENTONCES MI HIJA, SE DA CUENTA DE SUS ERRORES, AL QUITARME AUTORIDAD SOBRE SU HIJA.

- CHOCA UN MICROBUS JUSTO EN LA PUERTA DE MI CASA, CAUSANDO ALGUNOS DAÑOS PERO EL IMPACTO FUE TAN FUERTE QUE NOS DESPERTO BRUTALMENTE MUY TEMPRANO SINTIENDO Y ESCUCHANDO COMO SI HUBIESE SIDO UN TERREMOTO. POR SUPUESTO MI SUSTO FUE TERRIBLE.

- A MI MASCOTA LE DIO CANCER EN SU MATRIZ Y HUBO QUE OPERARLA DE URGENCIA.

- MI MAMA ESE MISMO DIA PRESENTA PROBLEMAS INTESTINALES Y TUVE QUE AUXILIARLA, PUES ESTABA SOLA EN SU CASA QUE ES AL LADO DE LA MIA.

- MI ESPOSO DISCUTIENDO FUERTEMENTE CON MI NIETA POR CUALQUIER COSA. NO RECUERDO BIEN.

- Y POR ULTIMO, JUSTO CUANDO ESCUCHO EL RECHINIDO DE UN COCHE Y ME ASOMO, ¡ERA MI HIJO! ¡A PUNTO DE SER ATROPELLADO! Y QUIEN ESTABA EN UN ESTADO DE EMBRIAGUEZ FATAL Y CON LA ROPA SUCIA REVOLCADA QUE NO ERA DE EL.

- Y YO, TENIA QUE PRESENTAR MI EXAMEN PROFESIONAL AL DIA SIGUIENTE. CUANDO EL DOLOR DE MI CUERPO ESTABA EN SU CLIMAX, CON TEMPERATURA Y SIN PROBAR ALIMENTO PORQUE TENIA VOMITO. ASI ACUDI A PRESENTARLO.

- LA ENTRADA ERA A LAS OCHO DE LA MAÑANA PARA SALIR A LAS OCHO DE LA NOCHE CON UN DESCANSO DE DOS HORAS INTERMEDIAS PARA TAMBIEN COMER ALGO. DESDE LUEGO LO QUE YO QUERIA, ERA SOLO DORMIR.

AL VERME EL APLICADOR DE EXAMENES, ME SUGIRIO IR AL CONSULTORIO DE LA ESCUELA PARA VER AL MEDICO, O QUE SUSPENDIERA EL EXAMEN, PUES MI ROSTRO MOSTRABA MI MALESTAR Y LA TEMPERATURA ERA EVIDENTE.

NO ACEPTE NINGUNA DE LAS SUGERENCIAS, YA QUE YO SABIA QUE PODIA CONTESTAR MI EXAMEN PORQUE ESTABA PREPARADA PARA ELLO Y ADEMAS SERIA PERDER MAS TIEMPO ESPERANDO UNA NUEVA CONVOCATORIA PARA VOLVER A PRESENTARLO.

¿PUEDES IMAGINARTE LA PRESION QUE TENIA ANTE TODAS ESTAS CIRCUNSTANCIAS? Y YO, COMO SIEMPRE, EVADIENDO Y NEGANDO QUE MI CUERPO ME DECIA A GRITOS SINTOMATICOS, ¡YA BASTA! ¡QUIERO PAZ Y TRANQUILIDAD!

AL DIA SIGUIENTE DEL EXAMEN, POR SUPUESTO CAI EN CRISIS Y ME TUVIERON QUE HOSPITALIZAR DE URGENCIA PUES YA NO SOPORTABA EL DOLOR, LOS RUIDOS, LA LUZ Y AUN ASI, ME PREOCUPABA PORQUE TENIA UNA CITA PARA TRABAJAR EN UNA

INSTITUCION GUBERNAMENTAL DE MUCHO PRESTIGIO, DONDE YA ME HABIAN ENTREVISTADO Y ACEPTADO PARA TRABAJAR.

POR SUPUESTO NO PUDE PRESENTARME POR ESTAR HOSPITALIZADA. A ESTO ES LO QUE SE LE LLAMA "PENSAMIENTOS IRRACIONALES".

UNA VEZ DIAGNOSTICADA, MIS PENSAMIENTOS FUERON SUICIDAS. "¡TENIA MIL RAZONES PARA YA NO VIVIR!"

SE ME DIERON TODAS LAS INDICACIONES Y CARACTERISTICAS DE LA FIBRIOMALGIA:

- ES UNA ENFERMEDAD QUE YA NO SE QUITA PERO TIENES QUE CUIDARTE MUCHO.

- NO MAS ESTRÉS (INCLUYENDO SUSTOS, CORAJES O ALTERACIONES EMOCIONALES)

- NO MAS DESVELOS

- NO MAS ESFUERZOS FISICOS

- ANTIDEPRESIVOS DE POR VIDA

- ANSIOLITICOS

- TERAPIAS PSICOLOGICAS

- TERAPIAS DE REHABILITACION POR EL RESTO DE MI VIDA

- YOGA DE PREFERENCIA (QUE NO ME AGRADA MUCHO, PREFIERO ZUMBA)

- EJERCICIO COMO NATACION, BICICLETA SIN RESISTENCIA Y AEROBICS EN BAJO IMPACTO (LOS PREFIERO)

- ANALGESICO COMO PARACETAMOL CONSTANTE, ENTRE OTRAS CUIDADOS MÁS.

PENSABA QUE SI TODO ESO TENIA QUE **HACER Y NO HACER** A MIS CINCUENTA Y TRES AÑOS, QUE IBA A SER DE MI A LOS SESENTA AÑOS.

NI MODO QUE ME METIERA A UNA ESFERA DE CRISTAL PARA EVITAR MAS CRSIS.

MI MAMA TENIA SINTOMAS PARECIDOS A LOS MIOS PERO ELLA YA TENIA SETENTA Y OCHO, POR LO TANTO YO NO QUERIA LLEGAR A MAS EDAD PORQUE MIS "ACHAQUES" O SINTOMAS SERIAN MUCHO PEOR SI ES QUE LLEGABA A SU EDAD.

Y QUE CULPA TENIA MI ESPOSO E HIJOS DE ESTAR LIDIANDO CONMIGO, QUE YA NO PODRIA BAILAR,

TRABAJAR, RESOLVER PROBLEMAS EN CASA, YA SEA
ECONOMICOS O FAMILIARES.

MI DEPRESION ESTABA HASTA EL TOPE, SOLO QUERIA
LLORAR Y LLORAR "SIN RAZON" APARENTEMENTE.
SOLO MI YO INTERIOR SABIA QUE QUERIA MORIR Y
SI ESTO NO PASABA, VER LA MANERA DE CONSEGUIR
QUE SI PASARA Y FUERA LO MAS PRONTO POSIBLE.

EN MI MENTE IBAN Y VENIAN IDEAS DE COMO
HACERLO, EN QUE MOMENTO ERA EL MAS
OPORTUNO, LO QUE TENIA QUE DEJAR ARREGLADO
ANTES DE HACERLO, EN FIN.

SENTIA MUCHA COMPASION POR MI ESPOSO, YA
QUE PENSABA QUE EL TENIA TODO EL DERECHO A
SER FELIZ CONSIGUIENDO OTRA PAREJA QUE NO
LE CAUSARA TANTOS PROBLEMAS Y GASTOS, QUE
LE DIERA HIJOS PROPIOS, MAS JOVEN Y QUE YO YA
HABIA DISFRUTADO DE SU COMPAÑÍA DURANTE
VARIOS AÑOS APRENDIENDO A CONVIVIR CON UN
VERDADERO HOMBRE, RESPONSABLE, TRABAJADOR,
FIEL, HOGAREÑO, INTELIGENTE. TODO LO QUE YO
LE HABIA PEDIDO A DIOS Y A LA VIDA EN UNA PAREJA.
CON EL LO TENIA, Y QUE ENTONCES ¡YA PODIA, Y YA
DEBIA MORIR! Y DEJAR QUE ESTE HOMBRE FUERA
FELIZ CON ALGUIEN QUE VERDADERAMENTE LO
MERECIERA.

POR OTRA PARTE MI HIJO YA ESTABA GRANDE Y TAL
VEZ, AL FALTAR YO, EL DEJARIA DE TOMAR Y SE DIERA
CUENTA DE LO QUE ESTABA PERDIENDO.

EN CUANTO A MI HIJA, MADURARIA Y TENDRIA QUE
HACERSE CARGO DE SU HIJA POR COMPLETO.

TODOS ESOS PENSAMIENTOS JUSTIFICABAN MIS DESEOS DE MORIR, TOTAL Y ABSOLUTAMENTE CONVENCIDA.

PRONTO ME ATENDIO MI HERMANO EL MEDICO. POSTERIORMENTE ME ATENDIO UNA PSIQUIATRA HACIENDO ALGUNOS AJUSTES A LOS MEDICAMENTOS ASI COMO CANALIZANDOME A PSICOTERAPIAS.

HUBO RESPUESTA FAVORABLE EN MI CUERPO Y PENSAMIENTOS, PUES CON EL ANTIDEPRESIVO COMENCE A GENERAR SEROTONINA Y CON EL ANSIOLITICO A MEJORAR MI SUEÑO.

ACUDI CON MI HERMANA QUE ES MAESTRA DE YOGA, Y A QUIEN LE AGRADEZCO INFINITAMENTE SU INTERES POR AYUDARME PUES HIZO LO POSIBLE Y ME AYUDO PERO FRANCAMENTE ME ABURRIA MUCHO, AUNQUE SIEMPRE PUSE MUCHO EMPEÑO.

UNA VEZ QUE YA COMENCE A CAMBIAR MIS HABITOS Y MANERA DE VIVIR, DECIDI QUE YA ERA HORA DE

PONER EN MARCHA MIS DESEOS DE INSTALAR MI CONSULTORIO Y ASI LO HICE.

DESPUES DE TODO LO VIVIDO, ESTABA CONVENCIDA QUE NADA HABIA SIDO EN VANO Y TODO TENIA UNA RAZON DE SER, PUES ESPIRITUALMENTE ME RETROALIMENTE Y PENSE QUE CON LAS EXPERIENCIAS QUE HABIA SUFRIDO, DEBIA COMPRENDER MEJOR A MIS PACIENTES PARA PODERLES AYUDAR, LO CUAL HA SIDO ASI Y ME SIENTO ORGULLOSA Y FELIZ CON MI DIOS, PUES ÉL HABIA SIDO QUIEN PUSO LAS COSAS EN MI CAMINO PARA SER EXITOSA EN MI AREA. LA PSICOLOGIA CLINICA.

RECONOZCO Y ACEPTO QUE LA PARTE ESPIRITUAL ES BASICA E INDISPENSABLE PARA TENER DE DONDE SOSTENERTE MIENTRAS ESTAS EN LA CUERDA FLOJA. YA SEA QUE SE TRATE DE LA DEPRESION, LA ENFERMEDAD, LAS EMOCIONES O LO QUE SEA.

AL MISMO TIEMPO QUE INICIE CON MI CONSULTORIO, PUSE MANOS A LA OBRA DE CORREGIR Y PONERLES LIMITES A MIS HIJOS, NIETA Y ESPOSO.

YA ERA HORA DE HACER CAMBIOS URGENTES EN NUESTRAS VIDAS.

A MI HIJO LO INTERNE EN UN CENTRO DE REABILITACION. A MI HIJA LE QUITE EL MANDO SOBRE SU HIJA PARA SER YO QUIEN LE PUSIERA LIMITES Y OBLIGACIONES A CUMPLIR Y A MI ESPOSO QUE ME DEJARA DE RECLAMAR POR LAS CONDUCTAS DE ELLOS.

EL PROCESO PARA EL CAMBIO FUE MUY DIFICIL Y DOLOROSO PARA MI SOBRE TODO. VER QUE TU HIJO ESTA EN UN AMBIENTE DONDE CONVIVE CON VICIOSOS ADICTOS, PERO QUE TENIAN UNA VIDA TERRIBLE COMO VIOLENCIA, CARENCIAS, INSALUBRIDAD; SABER QUE NO LE DABAN DE COMER MAS QUE ARROZ Y SOYA CON BOLILLOS DUROS Y AGUA, CON ACASO CAFÉ O TE, SIN AZUCAR Y COMIDA SIN SAL. SOLO CONTABAN CON CINCO MINUTOS PARA BAÑARSE Y NO DIARIO. HABIA CHINCHES, PULGAS Y ALGUNOS COMPAÑEROS CON PIOJOS.

LO MISMO CON MI NIETA QUE TAMBIEN FUE INTERNADA EN ESE LUGAR POR LO QUE, AUNQUE YO NO QUISIERA, SEGUIA TENIENDO PREOCUPACIONES Y ANGUSTIA, TRISTEZA Y A VECES MUCHO CANSANCIO, PERO PENSABA QUE MI SER SUPREMO ME SOSTENIA PARA AGUANTAR HASTA VER A MI HIJO Y NIETA FUERA DE ESO. TENIA QUE SEGUIR ADELANTE PORQUE TAMBIEN MIS PACIENTES ME NECESITABAN Y DEBIA AYUDARLOS A "**DARSE CUENTA**" DE LOS CAMBIOS QUE DEBIAN HACER Y NO DARLES CONSEJOS QUE **A MI** ME PUDIERON FUNCIONAR Y NO ASI A ELLOS.

EL RESULTADO DE LAS DECISIONES TOMADAS CON RESPECTO A MI HIJO FUERON EXCELENTES. EL COMENTO HABERSE DADO CUENTA DE TODO LO QUE TENIA: CASA, COMIDA, ROPA, AGUA CALIENTE, UN AMBIENTE SANO, PUES, MI ESPOSO, NO TOMA NI FUMA, NI ES DE AMIGOS Y SOBRE TODO SE DIO CUENTA DE QUE LO QUEREMOS.

EN CUANTO A MI NIETA, FUE MAS DIFICIL, PERO FINALMENTE CAMBIO SU CONDUCTA Y PENSAMIENTOS.

DESDE LUEGO, MI ESPOSO Y YO TAMBIEN HICIMOS CAMBIOS HACIA CON ELLOS, PONIENDO REGLAS, LIMITES Y ACLARAR SUS OBLIGACIONES Y DERECHOS.

SIEMPRE ESTUVE CREANDO VINCULOS AFECTIVOS ENTRE MIS HIJOS Y MI ESPOSO PARA HACER MAS LLEVADERO EL PROCESO DE LOS CAMBIOS FAMILIARES Y LO LOGRAMOS. CON ALTI-BAJOS, PERO TUVIMOS MUY BUENOS RESULTADOS.

NOS DIMOS CUENTA QUE AUNQUE NO ERAN HIJOS DE SANGRE, EN MI MARIDO TENIAN A UN PADRE RESPONSABLE QUE NO HUBO CON LOS PADRES BIOLOGICOS. ESTO ACRECENTO EL AFECTO Y CONVIVENCIA EN MI FAMILIA.

HASTA EL AÑO 2014 TODO IBA PERFECTO, MI FAMILIA UNIDA, ÉXITO EN MIS DOS PROFESIONES. TENIENDO RESULTADOS INCREIBLES EN MI PROFESION COMO PSICOLOGA. MIS PACIENTES SON CONSTANTES Y NOTANDO LOS CAMBIOS EN SU EMOCIONES Y CONDUCTAS ME HAN RECOMENDADO Y ESTOY AGRADECIDA POR ELLO.

SE PRESENTAN TODO TIPO DE CASOS, DE LOS CUALES TAMBIEN HE APRENDIDO MUCHO.

EMPATIZAR Y CREAR CONFIANZA EN ELLOS HA SIDO UN DON QUE MI SER SUPREMO ME HA OTORGADO, PERO SOBRE TODO, LA SENSIBILIDAD.

SI MENCIONARA ALGUNOS CASOS, NO ME ALCANZARIAN LAS LINEAS, PERO TAL VEZ EN ALGUN MOMENTO PUEDA ESCRIBIR ALGUN LIBRO CON CASOS QUE TE ENCHINAN LA PIEL Y TE DAS CUENTA QUE AUNQUE SUFRAMOS, SIEMPRE NOS SUPERAN CASOS VERDADERAMENTE ABERRANTES COMO INVOLUCRADOS CON ASESINATOS, VIOLENCIA DE TODO TIPO, VIOLACIONES, ABUSOS SEXUALES, NIÑOS MALTRATADOS O PADRES MALTRATADOS POR SUS HIJOS.

HASTA ENTONCES TODO ERA PERFECTO. HABIA APRENDIDO MUCHO DE MI ENFERMEDAD Y MIS CRISIS, IGUAL QUE DE LOS PROBLEMAS Y EXPERIENCIAS VIVIDAS, INCLUSO ¡ESTABA FELIZ POR

QUE EL AMBIENTE EN MI FAMILIA ERA EXCELENTE! TENIA UN VERDADERO HOGAR. MI HIJO EN LA UNIVERSIDAD CON EXCELENTES CALIFICACIONES Y MI NIETA AVANZABA LENTAMENTE PERO CON RESULTADOS POSITIVOS, ESTUDIANDO.

MI ESPOSO, MIS HIJOS Y YO INTERACTUABAMOS MUY BIEN COMO FAMILIA INCLUSO CON MIS PAPAS Y HERMANOS.

DE REPENTE, EMPECE A SENTIRME RARA FISICAMENTE. TENIA MUCHISIMO SUEÑO. BOSTEZABA COMO SI NO HUBIESE DORMIDO EN DIAS, ME DABA MUCHA SED E IBA AL BAÑO VARIAS VECES A ORINAR Y MUY MAREADA TODO ESTE TIEMPO.

POR HERENCIA GENETICA, MALA ALIMENTACION, MALOS HABITOS Y TANTAS COSAS MAS, EN JULIO ME DIAGNOSTICAN DIABETICA E INMEDIATAMENTE MI HERMANO, EL MEDICO, PUSO MANOS A LA OBRA DANDOME INDICACIONES Y TRATAMIENTO DE POR VIDA, PUES MI AZUCAR EN ESOS MOMENTOS LLEGO A TRESCIENTOS OCHENTA Y OCHO PUNTOS.

AL PRINCIPIO NO LO PODIA CREER. JAMAS EN MI VIDA LO HUBIERA IMAGINADO A PESAR DE QUE TENGO FAMILIA DIRECTA DIABETICA COMO MI PAPA Y EL HERMANO DE MI MAMA, MI TIO, ENTRE OTROS COMO ABUELO PATERNO, ETC.

HE VISTO MUCHA GENTE MORIR POR LA DIABETES DE DIFERENTES MANERAS SUFRIENDO MIL MALESTARES Y POR DIFERENTES RAZONES. ALGUNOS QUE SE QUEDARON CIEGOS Y FINALMENTE MURIERON, OTROS QUE COMENZARON POR LA UÑA DE SU DEDO DEL PIE Y POCO A POCO LES VAN AMPUTANDO HASTA

LA PIERNA, OTROS QUE SUFREN POR LOS RIÑONES, EN FIN.

¡NO ES JUSTO! PENSABA.

YO QUE SIEMPRE HE HECHO EJERCICIO, QUE NO TOMO, NO FUMO, ¡COMO ME PODIA PASAR ESTO A MI? ¿COMO IRE A MORIR? ¿VOY A PODER VIVIR SIN COMER TANTAS COSAS TAN SABROSAS COMO EL PAN, EL CHOCOLATE, EL PASTEL? **¿POR QUÉ YO OTRA VEZ DIOS?** ¿Y QUE MAS FALTA?

TARDE DIAS EN ASIMILAR ESTA NUEVA ENFERMEDAD PERO SOLO ME QUEDABA LLORAR HASTA QUE ME RESIGNE.

EN AGOSTO, UN MES DESPUES DEL DIAGNOSTICO, HUBO UN GRAVE CON PROBLEMA FAMILIAR. MI SUEGRA, PRACTICAMENTE DEJO SALIR TODOS SUS SENTIMIENTOS Y EGOISMO EN CONTRA DE SU HIJO Y PARA CONMIGO, Y YO, QUE NO SOY NINGUNA PERITA EN DULCE, TAMBIEN LE RESPONDI CON VERDADES QUE LE DOLIERON A ELLA Y SU PAREJA. EL CASO ES QUE SENTI UN CORAJE E IMPOTENCIA DE NO PODER GRITAR O DEJAR SALIR MI EMOCION DE IRA, QUE COMENCE A SENTIRME MUY MAL Y SE ME FUE EL HABLA. TENIA LA BOCA PEGADA Y MUY SECA. SEGURAMENTE SE ME SUBIO EL AZUCAR. MI ESPOSO ME TRATABA DE CONSOLAR PERO YO ME SENTIA MUY MAL, RARA, LA CABEZA ME DOLIA Y TODO ME DABA VUELTAS.

LLEGAMOS A CASA Y ME DORMI. AL DIA SIGUIENTE ME LEVANTE A HACER EJERCICIO COMO LO HACIA COMUNMENTE Y PASO UN POCO EL MALESTAR.

ENTRE TODOS ESTOS ACONTECIMIENTOS UNA DE MIS OBLIGACIONES ES ACUDIR CONSTANTEMENTE A CHEQUEO GENERAL CON ESTUDIOS DE LABORATORIO Y REVISION POR CADA ESPECIALISTA, ENTONCES ME PASABA CONSTANTEMENTE EN CONSULTAS, ESTUDIOS, ESPECIALISTAS, ETC.

UNO DE LOS HOSPITALES QUE SE ME OCURRIO VISITAR ES DE ESOS QUE "HACEN MILAGROS" Y COMO ALLI, UNO DE SUS PRINCIPALES OBJETIVOS ES "NO DEJAR IR AL CLIENTE", TE CONVENCEN DE QUE VAN A QUITARTE TU ENFERMEDAD HACIENDO LA DIETA AL PIE DE LA LETRA DE LO CUAL SOLO CUMPLI CON EL 80% DE DIETA PORQUE ES REAL Y EXAGERADAMENTE ESTRICTA. ASI CUMPLI HASTA EL MES DE AGOSTO 2014.

PARA AGOSTO QUE SE PRESENTO EL PROBLEMA CON MI SUEGRA, COMENCE A SENTIR UN FUERTE DOLOR COMO LA CIATICA QUE ME IMPEDIA HACER MIS EJERCICIOS Y POSTERIORMENTE SIGUIO POR LA CINTURA, LUEGO POR LA COLUMNA Y POCO A POCO ME FUE IMPIDIENDO EL MOVIMIENTO INCLUSO HASTA LOS HOMBROS Y BRAZOS, ADEMAS DE UN FUERTE DOLOR EN MI CUERPO COMO CUANDO COMENCE CON LA FIBROMIALGIA PERO ACOMPAÑADO DE INMOVILIDAD.

TENIA CITA EN "EL HOSPITAL MILAGROSO" Y VIERON QUE MI CUERPO SE HABIA ENCURVADO Y CAMINABA COMO ANCIANITA DICIENDOME QUE ERA NEUROPATIA Y REQUERIA CIRUGIA EN LA COLUMNA PUES HABIA LUMBALGIA Y LAS CERVICALES CON LESIONES.

¿¡QUE!? FUE MI RESUESTA. ME RECOMENDARON ORTOPEDIA, FAJA ESPECIAL, FISIOTERAPIAS Y

TERAPIAS DE REHABILITACION ALLI MISMO. DESDE LUEGO NO ACEPTE Y NUEVAMENTE MI HERMANO INTERVINO Y ME LLEVO A HACERME UNAS RESONANCIAS MAGNETICAS QUE ME DOLIO MUCHO, PERO EFECTIVAMENTE LOS RESULTADOS FUERON CERVICALES Y LUMBARES LESIONADAS CON HERNIAS.

NUEVAMENTE FUE DEAMBULAR DE HOSPITAL EN HOSPITAL, DILEMAS ENTRE SI ME OPERABAN O NO DE LA COLUMNA, HASTA QUE, PARA LOS MESES DE OCTUBRE, NOVIEMBRE NO PUDE CAMINAR, MOVER NI ESTIRAR LOS BRAZOS, LOS DOLORES IBAN EN AUMENTO. EN DICIEMBRE DEFINITIVAMENTE DEJE DE CAMINAR Y MOVERME Y SUCEDIÓ LO QUE MENCIONE AL INICIO. ESTUVE INVALIDA.

MI ESTADO EMOCIONAL ERA CRITICO ASI COMO MI ESTADO FISICO, SIN EMBARGO FUE DE MUCHA AYUDA EMOCIONAL SABER QUE HABIA MUCHA GENTE QUE ME QUIERE Y TRATABA DE CONSOLARME CON SUS LLAMADAS Y ALGUNAS VISITAS. ME GUSTARIA NOMBRARLAS PERO SON BASTANTES Y NO ME GUSTARIA QUE SE ME OLVIDARA MENCIONAR A ALGUNA Y ME LO TOMEN A MAL, PERO SI ALGUNA DE LAS PERSONAS QUE LEAN ESTE LIBRO SON DE LAS QUE ME VISITARON, LES DOY MIL GRACIAS Y QUIERO DECIRLES QUE SUS ORACIONES SURTIERON EFECTO Y QUE ASI MISMO DIOS LAS BENDIGA POR SU INTERES EN MI RECUPERACION Y SU AMISTAD.

ENTRE ESTAS PERSONAS, MIS PAPAS, POR SUPUESTO ME VISITABAN, MI MAMA COMO PODIA PORQUE CASI NO CAMINA Y MI PAPA POR CONSIGUIENTE POR EL PROBLEMA DE SU RODILLA, PERO VERLOS LLORAR POR MI INVALIDEZ TAMBIEN ME DABA ANIMOS PARA

SALIR ADELANTE, PERO SE IBAN Y REGRESABA MI DEPRESION.

ALLI ME DI CUENTA QUE MI PAPA ME QUIERE MUCHO, YA QUE ANTES DUDABA, PENSE QUE TENIA A SUS CONSENTIDOS, PERO ME DI CUENTA QUE LE DOLIA VERME ASI.

DE MI MAMA NO ME SORPRENDIA PORQUE DESDE AÑOS ATRÁS YA ME DABA CUENTA DE SU AMOR POR MI Y AUNQUE EN SU MOMENTO TUVE QUE TRABAJAR MUCHO EL RENCOR QUE SENTIA HACIA ELLOS, POR LAS DIFERENCIAS QUE MOSTRABAN EN MI HACIA CON MIS HERMANOS. AHORA VIVO TRANQUILA Y FELIZ PUES LOS HE PERDONADO Y PEDIDO PERDON.

GENERALMENTE CON EL PRIMER HIJO COMETEMOS MAS ERRORES. AHORA QUE SOY MADRE Y VEO LOS ERRORES QUE COMETI CON MIS HIJOS SOBRE TODO CON LA MAYOR, LOS COMPRENDO MEJOR AUN Y LES AGRADEZCO TODO LO QUE HAN HECHO DE MI Y POR MI, PUES GRACIAS A ESO SOY QUIEN SOY Y HE HECHO MUCHO POR SALIR ADELANTE.

¿CUÁL ES MI FILOSOFIA DE VOLVER A NACER?

UNA VEZ QUE ME ATENDIO UNA REUMATOLOGA PARTICULAR, EXCELENTE Y MUY HUMANA POR CIERTO, YA QUE EN LAS DEPENDENCIAS DE GOBIERNO, COMO SABEMOS, AUNQUE HAY MUY BUENOS MEDICOS, MUCHOS SON INSENSIBLES Y DESDE OCTUBRE QUE ME PRESENTE EN TAN PESIMAS CONDICIONES, ME DIERON CITA HASTA FEBRERO Y MARZO PARA CADA EXPECIALIDAD, PERO EL CASO ES QUE CON MI REUMATOLOGA COMENCE A MOVERME Y CAMINAR POCO A POCO COMO UN BEBE CUANDO EMPIEZA A DAR SUS PRIMEROS PASOS.

A VECES, EN FORMA DE BROMEAR, LES HACIA A MIS HIJOS MUECAS COMO DE ESPECTRO CON EL CABELLO REVUELTO, CAMINANDO COMO CAMINABA HACIENDO LA PARODIA DE PELICULAS DE SUSPENSO, A MANERA DE REIRNOS EN LOS MALOS MOMENTOS.

EL NUEVO MEDICAMENTO RECETADO ES FUERTE (CORTISONA), Y TIENE TAMBIEN SUS DESVENTAJAS PUES AUNQUE LA DOSIS NO ERA MUCHA, EMPECE A INCHARME DE LA CARA, EL AZUCAR A SUBIR, LA CUAL ME TENIAN BAJO VIGILANCIA CONSTANTE Y SUBIR DE PESO, PERO ESO NO ME IMPORTABA PORQUE NO HAY NADA COMO PODER MOVERTE POR TI MISMO.

LOS DOLORES DISMINUIAN PAULATINAMENTE PERO ¡LO MARAVILLOSO ERA QUE PODIA MOVERME! ¡MI CABEZA, LOS BRAZOS, LAS PIERNAS. YA PODIA IR AL BAÑO SOLA, BAÑARME, RASCARME, PEINARME, COMER! ¡ESTIRARME CUANDO DESPERTABA! ¿NO ES MARAVILLOSO?

¡CUANTO APRENDIZAJE! NUNCA ME HABIA DADO CUENTA DE LO VALIOSO QUE TENGO. MIS DOS MANOS FUNCIONANDO CON MIS DEDOS, MIS PIERNAS, ETC. ¿TE HAZ PUESTO A PENSAR QUE UN SIMPLE DEDO TE PERMITE ALGUNA ACCION COMO RASCARTE O LA UÑA QUE TE SACA LA COMIDA ATORADA EN EL DIENTE? AUNQUE CAUSA RISA O TAL VEZ ASCO ¡ES REAL! CADA PARTE DE NUESTRO CUERPO, POR MUY PEQUEÑA O INSIGNIFICANTE QUE PAREZCA TIENE UN FIN. ¡DIOS SOMOS PERFECTOS!

POR OTRA PARTE: EL AMOR QUE RECIBES DE TODOS LOS QUE TE QUIEREN CUANDO LO NECESITAS. ¡ESTAN ALLI! DANDOTE ANIMO, OFRECIENDOTE AYUDA, HACIENDO ORACION PIDIENDO POR TI.

¡VOLVER A NACER!, ES EXACTAMENTE LO QUE SENTI CON MIS PRIMEROS NUEVOS PASOS, VER LA VIDA DE OTRA MANERA, TU ENTORNO DIFERENTE, ¡SENTIR LA LLUVIA Y EL SOL! ¡AMANECER Y RECORDAR QUE YA PUEDES CAMINAR PARA IR AL BAÑO!

TODO ESTO NO ES TAN VALIOSO, SI NO LO HAZ VIVIDO, SI LO PUEDES IMAGINAR POR UN MINUTO AL MENOS Y TAL VEZ PUEDAS REFLEXIONAR ACERCA DE LO QUE SENTI POR ALGUNOS MESES, ME ENTENDERAS PERFECTAMENTE.

HE QUEDADO LIMITADA A MUCHAS ACTIVIDADES Y ALIMENTOS PERO MIENTRAS PUEDA BAILAR (NO COMO ANTES POR SUPUESTO) Y SENTIR LA MUSICA EN MI MENTE, EN MI SANGRE, POR LO QUE ME QUEDE DE VIDA, DISFRUTARE DE ÉSTA. INCLUSO, UNO DE MIS DESEOS A MEDIANO PLAZO ES APRENDER A TOCAR ALGUN INSTRUMENTO COMO EL VIOLIN, GUITARRA Y TECLADO.

BUENO TENGO PLANES Y PROYECTOS QUE SE QUE PARA LLEVARLOS A CABO DEBO TENER LOS CUIDADOS NECESARIOS COMO EL EJERCICIO SIN ESFUERZO, UNA ALIMENTACION MUY ESTRICTA DE LA CUAL MI PROBLEMA SON LOS POSTRES, NO EXPONERME AL STRES Y DE SER ASI, MUCHA RELAJACION, MEDITACION Y LO MAS IMPORTANTE **¡GANAS DE VIVIR!** (PODRIA VIVIR ENOJADA, PERO PREFIERO VIVIR FELIZ)

MUCHAS VECES VIVIMOS DICIENDO O PENSANDO: SI YO TIVIERA UN ESPOSO DE TAL FORMA, O SI YO TUVIERA UNA CASA ASI, O SI YO TUVIERA DINERO, SI YO TUVIERA MAS SUERTE, SI TUVIERA OTROS PADRES, SI NO ESTUVIERA ENFERMO (A), SI MIS HIJOS FUERAN BUENOS HIJOS, ETC.

SIMPRE PONIENDO PRETEXTOS PARA NO DISFRUTAR DE LO QUE TENEMOS A NUESTRO ALREDEDOR. PRETEXTOS PARA DE UNA VEZ TOMAR DECISIONES PARA HACER LOS CAMBIOS NECESARIOS PARA LOGRAR TUS SUEÑOS.

EN TODO EL TRAYECTO DE MI VIDA CADA VEZ QUE ME HE LEVANTADO DE CUALQUIER SITUACION, APRENDO ALGO NUEVO.

A VECES HE TROPEZADO CON LA MISMA PIEDRA Y POR LO TANTO, REFUERZO MI APRENDIZAJE PARA NO VOLVER A COMETER EL MISMO ERROR UNA TERCERA VEZ.

EN ESTA ULTIMA ENSEÑANZA Y OPORTUNIDAD QUE LA VIDA ME HA DADO, HE SUPERADO EL ENTENDIMIENTO PARA CRECER Y MADURAR, PERO SOBRE TODO, A VALORAR LO QUE TENGO, LO QUE SOY Y A QUIENES ME

RODEAN. DESDE LA VECINA QUE ME VE FEO, HASTA LA PERSONA QUE ME SONRIE CUANDO LE SONRIO.

HE COMPRENDIDO QUE YO SOLA NO PODRIA HABER SALIDO DE MI CRISIS, POR LO TANTO, LA PARTE ESPIRITUAL ES EL CIMIENTO DE MI CONSTRUCCION EMOCIONAL. SIN ESTA PARTE DE LA QUE PODEMOS AFIANZARNOS CON TODA LA FE Y DE CORAZON, NO SE LLEGA A NINGUNA PARTE. ES COMO SER UN NAUFRAGO EN UN BALZA QUE LAS OLAS LLEVAN Y TRAEN POR DOQUIER, SIN ESPERANZA DE SALVARTE O QUE TELLEVE A PISAR TIERRA FIRME.

ENTONCES PENSE:

- TENGO VARIAS ENFERMEDADES DE LAS QUE NO ME VOY A LIBRAR, COMO LA DIABETES, LA FRIBROMIALGIA O LA DISLIPIDEMIA POR EJEMPLO, SOLO PODRE TENERLAS BAJO CONTROL SIGUIENDO AL PIE DE LA LETRA LAS RECOMENDACIONES Y MEDICAMENTOS MEDICOS. QUE MAS DA QUE SEAN ENFERMEDADES CRONICAS Y DUELAN O QUE SEA CANCER DONDE LA MUERTE ES MAS RAPIDA AUNQUE NO MAS DOLOROSA.

- TENGO RESTRINGIDA LA ALIMENTACION POR NO DECIR MIS ANTOJOS, ASI COMO LAS ACTIVIDADES DE ALTO IMPACTO, LO CUAL HE MODIFICADO, PERO NO QUIERE DECIR QUE NO ME DEN GANAS DE COMERME UN RICO CHOCOLATE O PRACTICAR ZUMBA O BRINCAR LA CUERDA POR EJEMPLO.

- NO PUEDO HACERME LA VICTIMA, PORQUE MIS ACTIVIDADES RECLAMAN SER ATENDIDAS,

PUES SIGO TRABAJANDO Y ME GUSTA LO QUE HAGO. NO PUEDO ABANDONAR A MIS PACIENTES.

- **¡LA VIDA ME ESTA DANDO LA OPORTUNIDAD DE SER FELIZ!** Y AHORA COMPRENDO QUE TODAS LAS ENSEÑANZAS O SEÑALES QUE MI CREADOR ME HA DADO, ES PORQUE EL CREE EN MI Y ¡TENGO QUE CUMPLIR CON MI MISION EN ESTA VIDA! Y POR ESTO ME SIENTO UNA PERSONA PRIVILIGIADA.

- **¡TENGO LA FORTUNA DE HABER SIDO ELEGIDA PARA COMPRENDER Y AYUDAR A QUIEN LO NECESITA!**

HAY DOS CAMINOS:

PENSAR POSITIVAMENTE O NEGATIVAMENTE. HACER NADA O HACER ALGO.

NEGATIVAMENTE:

- TODOS LOS DIAS ME LEVANTO CON FUERTE DOLOR EN EL CUERPO, DOLOR DE CABEZA Y ENCARTONADA, CON MUCHO TRABAJO PARA MOVERME, ADEMAS CON FUERTE SABOR AMARGO DE BOCA SUPONGO QUE POR EL MEDICAMENTO. SIENTO MUCHO SUEÑO Y CANSANCIO AUNQUE DEBERIA SER LO CONTRARIO PUESTO QUE ACABO DE DESPERTAR.

- DEBIDO AL MALESTAR, PODRIA QUEDARME ACOSTADA VIENDO LA TELE O SIMPLEMENTE DURMIENDO Y TENER EL PRETEXTO IDEAL

PARA HACER NADA. SE JUSTIFICARIA ESTA CONDUCTA PUESTO QUE ME SIENTO VERDADERAMENTE MAL.

- PODRIA PENSAR: QUE CASO TIENE LEVANTARME SI NADIE ES INDISPENSABLE EN ESTA VIDA Y LO QUE YO HAGO NO VALE LA PENA PORQUE OTRA PERSONA LO PUEDE HACER Y HASTA MEJOR QUE YO, MIS HIJOS O LA SEÑORA QUE HACE LA LIMPIEZA, LA COMIDA, QUEHACER, ETC.

POSITIVAMENTE:

- POR LAS MAÑANAS ME LEVANTO CON MUCHO ESFUERZO, PEREZA, DOLOR COMO LO MENCIONE ANTES, PERO **SE** QUE HACIENDO EJERCICIO VOY A DISMINUIR MI MALESTAR.

- PONGO MUSICA QUE ESTIMULE MI CEREBRO Y COMIENZO BOSTEZANDO Y CON PESADEZ, PENSANDO: QUE VOY A QUEMAR CALORIAS, BAJAR MI AZUCAR Y LIPIDOS, "VOY A CONSERVAR UN POCO MI FIGURA" Y ME VOY A SENTIR MEJOR PARA TRABAJAR Y MOVERME CON AGILIDAD.

- CUANDO ME TOCA IR A NATACION, DESPIERTO Y PIENGO, "HOY NO VOY", MEJOR ME QUEDO A DORMIR. PERO RECUERDO QUE EL AGUA ES TAN RELAJANTE, CALIDA Y PUEDO MOVERME SIN PROBLEMA DENTRO DE ELLA, PUES ESTA AMORTIGUA LOS MOVIMIENTOS DE MIS PIERNAS Y BRAZOS.

- MUCHOS AÑOS HE LUCHADO POR CONSEGUIR SOBRESALIR Y SER UNA PERSONA EJEMPLAR PARA MIS HIJOS. HE QUERIDO SER SU MOTIVACION PARA QUE ELLOS SALGAN ADELANTE SUPERANDOSE Y PREPARANDOSE, INCLUSO PARA QUE MI MARIDO SE SIENTA ORGULLOSO DE TENER UNA MUJER QUE NO ESTA ESPERANDO EL GASTO Y NADA MAS.

- AL "TENER" QUE CAMBIAR MIS HABITOS, ME HE DADO ESPACIO TAMBIEN PARA ESCRIBIR ESTE LIBRO, REGAR MIS PLANTAS QUE TANTO ME AGRADAN, DORMIR UNA SIESTA ALGUNOS MINUTOS EN EL DIA, TIEMPO PARA MI CON MIS ACTIVIDADES DEPORTIVAS. CON TODO ESTO, TENER CALIDAD DE VIDA POR LO QUE ME RESTE DE ELLA.

SI YO MURIERA HOY, ME IRIA TRANQUILA POR HABER CONOCIDO LA FELICIDAD Y SABER LO QUE SIGNIFICA TENER:

- EL AMOR DE UN VERDADERO HOMBRE COMO HAY MUY POCOS.

- HABER DISFRUTADO DE VER A MIS HIJOS Y A MI NIETA CRECIENDO CON SUS PROYECTOS DE VIDA Y SUPERANDOSE CADA DIA.

- HABER CONVIVIDO CON MI HERMANOS Y MIS PADRES Y VER A MI FAMILIA CRECER CON CUÑADAS, CUÑADO Y SOBRINOS Y LOS HIJOS DE MIS SOBRINOS.

- TAMBIEN DE HABER SEMBRADO GRANDES AMISTADES CON PERSONAS COMO VECINOS,

COMPAÑEROS DE ESCUELA, PROFESORES, CLIENTES, PACIENTES, ALUMNOS Y MUCHAS PERSONAS MAS.

ME IRIA FELIZ Y AGRADECIDA CON LA VIDA Y CON DIOS, PORQUE POR CADA CRISIS EMOCIONAL O DE SALUD QUE VIVI, LA RECOMPENSA FUERON GRANDES EXPERIENCIAS PARA SABOREAR LO BUENO QUE COSECHE DE CADA UNA DE ELLAS.

EL HECHO DE SER PSICOLOGA ME HA SERVIDO PARA CAMBIAR MIS PENSAMIENTOS Y "PERCIBIR LO BUENO QUE ME DEJO LO MALO". SIN EMBARGO, LA CIENCIA NO ESTA PELEADA CON LO ESPIRITUAL, SINO AL CONTRARIO, POR LO TANTO, SIN FE NO HAY ESPERANZA Y SIN ESPERANZA NO HAY MOTIVOS DE VIVIR.

PERO MIENTRAS ME VOY DE ESTA VIDA, QUIERO VIVIRLA DISFRUTANDO DEL DIA COMO DE LA NOCHE. DE LA LLUVIA COMO DEL CALOR O DEL FRIO, DE LOS PROBLEMAS, PORQUE SIEMPRE LOS HABRA DE UNA U OTRA FORMA, PERO PONER EN MARCHA LA CAPACIDAD Y HABILIDAD QUE DIOS ME HA DADO PARA RESOLVERLOS.

ANTES DE SER PSICOLOGA, SOY UN SER HUMANO CON DEFECTOS Y ERRORES PERO TAMBIEN CON VIRTUDES HABILIDADES Y APTITUDES Y UNA DE ELLAS ES QUE HE APRENDIDO A DAR GRACIAS A DIOS Y A MIS SERES DE LUZ, CADA DIA, A ORAR POR QUIEN LO NECESITA, SER AGRADECIDA CON LAS PERSONAS QUE HAN ESTADO CONMIGO CUANDO LOS NECESITO Y MANDAR BENDICIONES INCONDICIONALMENTE.

APRENDI QUE CUANDO PIDO HUMILDEMENTE A MI CREADOR Y A MIS SERES DE LUZ ALGO COMO TRABAJO O SENTIRME MEJOR, PARA MIS HIJOS, ESPOSO O SIMPLEMENTE PEDIR POR EL PROJIMO, SE ME CONCEDEN MIS PETICIONES Y HE SIDO ESCUCHADA.

TAMBIEN LES PIDO QUE ANTES DE JUZGAR A ALGUIEN, O CREER QUE SÉ QUE ESTA PENSANDO ALGUIEN DE MI, ME VEA AL ESPEJO CON EL VALOR DE JUZGARME Y CRITICARME A MI MISMA. A PONERME EN LOS ZAPATOS DE LOS DEMAS.

ESTE LIBRO ES LA MUESTRA DE LAS SEÑALES QUE DIOS ME PUSO EN EL CAMINO PARA COMPARTIR MIS HUMILDES EXPERIENCIAS CONTIGO.

TAL VEZ PUEDA AYUDAR A ALGUIEN QUE ATRAVIESE POR ALGUN TIPO DE CRISIS Y SEPA QUE NO HAY DOLOR O SUFRIMIENTO MAS GRANDE QUE EL QUE PODAMOS AGUANTAR, Y AUNQUE SUENE MUY REPETIDO, ES VERDAD. DIOS NO PUEDE DARNOS MAS CARGA DE LA QUE SOPORTEMOS.

YO ME PREGUNTABA ¿Cómo ES POSIBLE QUE HAYA PERSONAS CON DISCAPACIDADES DIFERENTES COMO QUIENES NO TIENEN DOS BRAZOS O LAS DOS PIERNAS Y PUEDEN HACER SUS ACTIVIDADES TAN AMABLES Y SONRIENTES? Y TENGO AMIGAS Y CONOZCO PERSONAS ASI.

SI YO SOLAMENTE TENGO DOLORES EN TODO MI CUERPO TODO EL TIEMPO, A VECES MAS FUERTE QUE OTRAS VECES, PERO TENGO CASA, COMIDA, TRABAJO, MIS DOS OJOS QUE AUN FUNCIONAN, MIS CINCO SENTIDOS, MIS BRAZOS PARA VESTIRME SOLA, MIS PIERNAS PARA LLEVARME A DONDE QUIERA IR, EN FIN.

AUNQUE TENGO LIMITANTES, **¡ESTOY COMPLETA!** PUEDO DESPLAZARME Y SER INDEPENDIENTE PARA REALIZAR MIS TAREAS, FAENAS Y DEMAS ACTIVIDADES COMUNES.

¡PUEDO SENTIR!, FRIO, CALOR, OLOR, SABOR.

CUANTAS PERSONAS, ANCIANOS O NIÑOS, ESTAN POSTRADOS EN UNA CAMA TAL VEZ EN ALGUN HOSPITAL O EN SUS CASAS POR FALTA DE RECURSOS, DEPENDIENDO DE ALGUN FAMILIAR QUE LOS ATIENDA O ESPERANDO LA MUERTE ¡QUIEN SABE CUANTO TIEMPO!

¡VOLVER A NACER! ES HACER A UN LADO LOS PREJUICIOS. NUNCA ES TARDE NI MUY TEMPRANO PARA PONER EN MARCHA TUS PROYECTOS PERO SOBRE TODO, ¡HACER REALIDAD TUS SUEÑOS! DEJA DE PREOCUPARTE POR EL QUE DIRAN ¡VIVE! ¡VIVE! ¡VIVE!

CONCLUSION

DEFINITIVAMENTE ESTOY CONVENCIDA QUE LA CIENCIA NO ESTA PELEADA CON LA ESPIRITUALIDAD Y VICEVERSA.

SIN FE NO HAY CAMINO A SEGUIR. TE ENCONTRARAS PARADO (A) EN MEDIO DE LA NADA SIN ECONTRAR QUE HACER O QUE PENSAR Y ESTARAS TAN CONFUNDIDO (A) QUE QUERRAS QUE TODO SE ACABE SIN TENER EL VALOR SUFICIENTE PARA PONERLE FIN A TU SUFRIMIENTO.

CADA INDIVIDUO TENEMOS UN PUNTO DE VISTA DIFERENTE PERO NO SIEMPRE SERA EL CORRECTO, EL MEJOR O EL QUE MAS CONVENGA A NUESTRAS CIRCUNSTANCIAS.

ESPERO QUE SI TE ENCUENTRAS ANTE UNA SITUACION DIFICIL, PUEDAS PERCIBIR QUE LA DECISION DE SER FELIZ O SEGUIR SUFRIENDO, LA TIENES TU Y SOLO TU, PORQUE AFORTUNADAMENTE GOZAMOS DEL LIBRE ALBEDRÍO.

LA FINALIDAD DE COMPARTIR MI EXPERIENCIA ES UN HUMILDE INVITACION A QUE PUEDAS TOMAR

DECISIONES QUE TE AYUDEN A ANALIZAR TU SITUACION CUALQUIERA QUE SEA Y PONER MANOS A LA OBRA.

CUANDO NOS ATREVEMOS A SALIR DE NUESTRA ZONA DE CONFORT, NECESITAMOS ESTIMULOS, POR LO QUE MI PRINCIPAL OBJETIVO ES QUE EL CONTENIDO DE ESTE LIBRO SIRVA DE MOTIVACION TE ENCUENTRES O NO ANTE PROBLEMAS EMOCIONALES Y PERCIBIR LO MARAVILLOSO QUE TE HA DADO LA VIDA Y BAÑARTE TODOS LOS DIAS DE FELICIDAD ENFRENTADO LOS PROBLEMAS CON CORAJE Y VALENTIA.

AGRADECIMIENTOS

ANTES QUE A TODO Y QUE A TODOS LE AGRADEZCO INFINITO A MI CREADOR Y MIS SERES DE LUZ QUE ME ACOMPAÑAN POR TODO EL APRENDIZAJE QUE ME HAN DADO PARA SABER LO QUE ES VIVIR FELIZ. APRENDI A **VIVIR** TODOS LOS DIAS DE MI VIDA AGRADECIDA POR TODO LO QUE SOY, POR TODO QUE ME RODEA, POR PODER DISFRUTAR A MI FAMILIA Y UN HOGAR CON MUCHO AMOR.

POSTERIORMENTE, A MIS PADRES POR HABERME DADO LA VIDA CON SUS CAPACIDADES Y LIMITANTES, ME ENSEÑARON A ENFRENTARME ANTE CADA TROPIEZO COMO UNA GUERRERA QUE CAYO Y SE LEVANTO UNO Y OTRA VEZ. SOY SU OBRA. LOS AMO.

A MIS HERMANOS, PORQUE DE CADA UNO DE ELLOS HE OBTENIDO APOYO EN SU MOMENTO, EN ESPECIAL AL QUE ES MEDICO, POR SU ATENCION COMO HERMANO, MEDICO EXCELENTE QUE ES Y SENSIBILIDAD HUMANA QUE POSEE.

MI HERMANO EL MAS CHICO DE LOS HOMBRES, POR SU AYUDA DESINTERESADA EN LOS MOMENTOS DE NECESITAR SU APOYO SIEMPRE.

A MI HERMANA, AUN CON SUS ARRAIGADAS IDEAS, PORQUE ME HA BRINDADO SU MANO HACIENDO LO POSIBLE POR APOYARME.

MI HERMANO EL MEDIANO. QUE COMO TAL, ESTUVO AL TANTO DE MI SALUD DURANTE LOS PERIODOS DE CRISIS.

A MIS HIJA: QUE SE LEVANTO CUANDO TOCO FONDO Y SIGUE EN EL CAMINO DE LA VIDA APRENDIENDO DE SUS EXPERIENCIAS CON ÉXITO.

A MI HIJO QUIEN TAMBIEN TOCO FONDO Y HA RETOMADO EL CAMINO HACIA EL ÉXITO.

A MI NIETA QUE A SU CORTA EDAD TAMBIEN TOCO FONDO Y HA DECIDIDO PONER A PRUEBA SUS HABILIDADES Y CAPACIDADES PARA SALIR ADELANTE.

A TODOS ELLOS, PORQUE LOS ARRASTRE EN MIS TRAUMAS PERO TAMBIEN LOS DEJE EQUIVOCARSE Y LOS HE RECUPERADO.

Y DE MI MARIDO, NO PUEDO MAS QUE DECIR, DIOS TE PUSO EN MI CAMINO Y A MI EN EL TUYO PARA IR DE LA MANO EN LAS BUENAS Y EN LAS MALAS. SE QUE VENDRAN TIEMPOS MUCHO MEJORES Y SEGUIREMOS ADELANTE.

A MIS TIOS Y TIAS QUE EN CADA MOMENTO ME TENDIERON SU MANO CUANDO SE LOS PEDI Y QUE SIN DUDA TAMBIEN ME QUIEREN MUCHO COMO YO A ELLOS.

PRIMAS Y PRIMOS EN ESPECIAL MI PRIMO QUE RECIEN PARTIO DE ESTA VIDA Y ME DEJA UN AMARGO SABOR

PERO MUY BONITOS RECUERDOS Y UN APRENDIZAJE MAS. HOY ESTAMOS Y EN CUESTION DE SEGUNDOS PODRIAMOS YA NO ESTAR.

A TODAS MIS AMISTADES QUE HAN ESTADO EN ALGUNA PARTE DE MI VIDA, QUE SON Y HAN SIDO MAGNIFICOS COMPAÑEROS UNIVERSITARIOS, VECINOS, PROFESORES, ALUMNOS, CLIENTES, PACIENTES, AMIGAS Y AMIGOS DE LOS CUALES NO TERMINARIA DE MENCIONAR, PERO SABEN QUE ESTAN EN MI CORAZON Y DOY GRACIAS A DIOS POR HABERLOS CONOCIDO.

Printed in the United States
By Bookmasters